Entdecken Sie mehr auf
www.gtvh.de

Warum schlägst du mich?

Gewaltlose Konfliktbearbeitung
in der Bibel

Impulse und Ermutigung

Im Auftrag der Evangelischen Landeskirche in Baden,
Arbeitsstelle Frieden, herausgegeben
von Markus A. Weingardt

Gütersloher Verlagshaus

Gedruckt mit Unterstützung der Evangelischen Landeskirche in Baden und
der Evangelischen Arbeitsgemeinschaft für Kriegsdienstverweigerung und
Frieden EAK e.V.

Bibliografische Information der Deutschen Nationalbibliothek
Die Deutsche Nationalbibliothek verzeichnet diese Publikation
in der Deutschen Nationalbibliografie; detaillierte bibliografische
Daten sind im Internet über https://portal.dnb.de abrufbar.

Verlagsgruppe Random House FSC® N001967.
Das für dieses Buch verwendete FSC®-zertifizierte Papier
Munken Premium Cream liefert Arctic Paper Munkedals AB, Schweden.

1. Auflage
Copyright © 2015 by Gütersloher Verlagshaus, Gütersloh,
in der Verlagsgruppe Random House GmbH, München

Dieses Werk einschließlich aller seiner Teile ist urheberrechtlich geschützt. Jede Verwertung außerhalb der engen Grenzen des Urheberrechtsgesetzes ist ohne Zustimmung des Verlages unzulässig und strafbar. Das gilt insbesondere für Vervielfältigungen, Übersetzungen, Mikroverfilmungen und die Einspeicherung und Verarbeitung in elektronischen Systemen.

Das Gütersloher Verlagshaus, Verlagsgruppe Random House GmbH, weist ausdrücklich darauf hin, dass im Text enthaltene externe Links vom Verlag nur bis zum Zeitpunkt der Buchveröffentlichung eingesehen werden konnten. Auf spätere Veränderungen hat der Verlag keinerlei Einfluss. Eine Haftung des Verlags für externe Links ist stets ausgeschlossen.

Umschlaggestaltung und Satz: Medienstudio Christoph Lang, Rottenburg a.N. –
www.8421medien.de
Druck und Einband: Těšínská tiskárna, a.s., Český Těšín
Printed in Czech Republic
ISBN 978-3-579-08227-1

www.gtvh.de

Inhalt

Jochen Cornelius-Bundschuh
Grußwort   10

Renke Brahms
Grußwort   11

Markus A. Weingardt
Vorwort
oder: **Von Jakob, Jesus und anderen „Nachkriegspazifisten"**   13

Margot Käßmann
Gewalt und Gewaltfreiheit in der Bibel. Ein Überblick   21

J. Jakob Fehr
Der Turmbau zu Babel
oder: **Gottes milde „Strafe"**   29
(1. Mose 11,1-9)

Berthold Keunecke
Abram und Lot
oder: **Frieden durch Trennung – Trennung im Frieden**   37
(1. Mose 13,1-12a)

Theodor Ziegler
Abraham und Lot (Ein Lied)   43
(1. Mose 13,5-12)

Natascha Freundel (im Gespräch mit Omri Boehm)
Die Bindung Isaaks
oder: **„Judentum ist Ungehorsam"**   47
(1. Mose 22,1-13)

Christoph Münchow
Jakob und Laban
oder: **Gedenkstein Friedensstein**   53
(1. Mose 31)

Stefan Silber
Jakob und Esau
oder: **Brüderlichkeit**   61
(1. Mose 32-33)

Christian Joks
Josef und seine Brüder
oder: **Späte Verzeihung**   65
(1. Mose 50,15-21)

Theodor Ziegler
Josua (Ein Lied)   72
(Josua 6)

Heino Falcke
David und Abigail
oder: **Ästhetik des Friedens**   75
(1. Samuel 25)

Johannes Weissinger
„Was rühmst du dich der Bosheit, du Tyrann?"
oder: **Die tödliche Utopie der Sicherheit**   91
(Psalm 52)

Ullrich Hahn
**Ein Psalm Davids –
der keine Steine auf Menschen warf
und deshalb auf den Königsthron verzichtete**   96

Joachim Garstecki
Vom Karmel zum Horeb
oder: **Die Konversion des Elia** 99
(1. Könige 19,1-13a)

Friedhelm Schneider
Odeds prophetischer Protest
oder: **Von Kriegsschuld und Wiedergutmachung** 103
(2. Chronik 28,1-15)

Lothar Elsner
Gerechtigkeit und Frieden
oder: **Küssen oder Kämpfen?** 113
(Psalm 85,9-14)

Horst Scheffler
Fallen und Aufstehen, Irren und Umkehren
oder: **Gedanken zum Volkstrauertag 2013** 123
(Jeremia 8,4-7)

Renke Brahms
Gottes Gedanken des Friedens über uns 131
(Jeremia 29,11-14)

Theodor Ziegler
Schwerter zu Pflugscharen
oder: **Zur Aktualität einer Utopie** 139
(Micha 4,1-4)

Markus A. Weingardt
Grenzerfahrungen
oder: **Bin ich der Nächste?** 151
Zur Ökumenischen Friedensdekade 2015
(Jona 2,3-10 und Lukas 10,25-37)

Karlfriedrich Schaller
Weihnachten auf dem Felde
oder: **Vor dem Kasernentor des EUCOM/Stuttgart,
28. Dezember 1983** 157
(Matthäus 2,1-16)

Hans Häselbarth
Frieden stiften – Feinde lieben
oder: **Jesu Lehre vom Frieden** 163
(Matthäus 5,9 und 38-48)

Theodor Ziegler
Intelligente Feindesliebe 170
(Matthäus 5,43-48 und 7,12)

Andrea Heußner
Vom Vergeben
oder: **Entfeindung** 173
(Matthäus 5,38-41)

Veronica Hüning
Von der bittenden Witwe
oder: **Pocht auf eure Rechte!** 181
(Lukas 18,1-8)

Wiebke Jung
Jesus und die Ehebrecherin
oder: **Entwaffnende Begegnung** 185
(Johannes 8,3-11)

Johannes Taig
Der Weg zum Kreuz 192
(Lukas 18,31)

Herbert Böttcher
Der Streit um den Tempel
oder: **Kein Friede mit einer „Räuberhöhle"**   195
(Markus 11,15-19)

Christian Dittmar
Karfreitag
oder: **„Wird schon was dran sein ..."**   201
(Matthäus 27,33-50)

Claudia Kuchenbauer
Streit in der Gemeinde
oder: **Mediation in der Bibel**   207
(Apostelgeschichte 6,1-6)

Elisabeth Peterhoff
Die Macht der Zunge
oder: **SprachGewalt – GewaltSprache**   213
(Jakobus 3,1-12 und 4,11-12)

Die Autorinnen und Autoren   219

Grußwort

Im Jahr 2011 begann in der Evangelischen Landeskirche in Baden ein Prozess, in dem Kirchengemeinden, Kirchenbezirke und die kirchlichen Leitungsorgane sich miteinander darüber verständigten, wie unsere Kirche deutlicher als „Kirche des gerechten Friedens" erkennbar werden kann. Im Herbst 2013 beschloss die badische Landessynode das Diskussionspapier „Richte unsere Füße auf den Weg des Friedens". Es markiert den erreichten Stand, benennt konkrete Aufgaben und nächste Schritte.

Das vorliegende Buch ist eine geistliche Wegzehrung für alle, die diesen Weg mit uns gehen möchten. Die Autorinnen und Autoren erinnern in ihren Texten an die biblischen Grundlagen unseres heutigen Tuns – als Einzelne und als Kirche. Der Bibel ist nichts Menschliches und auch nichts Politisches fremd. Die Konflikt- und Gewaltursachen der Gegenwart, ob zwischen Menschen oder Staaten, finden sich auch schon in biblischen Zeiten. Die Buchbeiträge öffnen unsere Augen dafür, dass es aber immer schon Alternativen gab: einen gewaltlosen Umgang mit zwischenmenschlichen und politischen Konflikten.

Versuche, Konflikte gewaltlos und konstruktiv zu lösen, ziehen sich wie ein roter Faden durch die beiden Testamente der Bibel. Besonders deutlich hat Jesus Christus diese Gewaltlosigkeit gelehrt und gelebt. Deshalb ist die Suche nach dem gerechten Frieden, wie die EKD-Friedensdenkschrift von 2007 formuliert, ein „herausragendes Thema" und eine „immerwährende Aufgabe" für uns als Kirche.

Jesus, Abigail, Joseph, Oded und all die anderen, von denen hier berichtet wird, können uns in diesen gewaltträchtigen Zeiten inspirieren; wir können bei der Suche nach „gerechtem Frieden" viel von ihnen lernen.

Ich wünsche diesem besonderen Buch viele Leserinnen und Leser, die sich ermutigen lassen: Auf Gottes Frieden zu trauen und in diesem Vertrauen eigene Schritte zum gerechten Frieden zu gehen!

Karlsruhe, im Mai 2015

Prof. Dr. Jochen Cornelius-Bundschuh
Landesbischof der Evangelischen Landeskirche in Baden

Grußwort

Wer den Frieden will, muss den Frieden vorbereiten! Konflikte sind letztlich nie mit Gewalt zu lösen, das haben alle Erfahrungen der letzten Jahrhunderte gezeigt. Es geht immer wieder darum, Streit so beizulegen, dass Gewalt vermieden wird.

In der Geschichte der Religionen und auch des Christentums wurde Gewalt nicht nur ausgeübt, sondern biblisch-theologisch begründet und legitimiert. Umso deutlicher sollten wir auf die biblischen Geschichten hören, die in diesem Buch versammelt sind uns unseren Blick auf gewaltlose Konfliktbearbeitung lenken. Heute herrscht im Bereich der Kirchen ein breiter Konsens, der mit dem Leitbild des Gerechten Friedens beschrieben wird. Frieden, Gerechtigkeit und Recht gehören zusammen, und die vorrangige Aufgabe der Christenmenschen ist es, der Botschaft Jesu und seinem Weg der Gewaltlosigkeit zu folgen.

Vor allem gilt es, die Ursachen von Konflikten und Gewalt zu bekämpfen, etwa ungerechte Verteilung der Güter dieser Erde, unterdrückerische Regime, wirtschaftliche Ausbeutung oder Perspektivlosigkeit. Kommt es dann zu Gewaltausbrüchen, fällt den Verantwortlichen oft nur das Mittel der Gegengewalt ein.

Heute wissen wir schon eine Menge über gewaltfreie Konfliktbearbeitung und, dass sie gelingt. Sie ist keine Utopie, sondern Wirklichkeit in vielen Situationen – im Sinne der Prävention, Deeskalation und Nachsorge in Konfliktregionen. Streitschlichtung, Mediation, Aushandlungsprozesse, Information, Transparenz, kulturelles Einfühlungsvermögen – das sind wichtige Elemente solcher Prozesse.

Die biblischen Geschichten in diesem Buch halten viele solcher Elemente bereit. Wir können daran lernen und uns ermutigen lassen, in unserem Engagement für den Frieden auf Gewaltfreiheit zu setzen und dem Geist des Friedens zu trauen.

Bremen, im Mai 2015

Renke Brahms
Friedensbeauftragter des Rates der Evangelischen Kirche in Deutschland (EKD)

Markus A. Weingardt

Vorwort
oder:
Von Jakob, Jesus und anderen „Nachkriegspazifisten"

„Deutschland muss seinen Nachkriegspazifismus vollends überwinden!" So tönte Wolfgang Ischinger, Vorsitzender der so genannten Münchner Sicherheitskonferenz (Süddt. Zeitung vom 3.4.2014). Das ist bemerkenswert, vor allem bemerkenswert falsch.

Erstens ist der Pazifismus, wie er seit dem Zweiten Weltkrieg (nicht nur) in Deutschland vorzufinden ist, mitnichten ein „Nachkriegspazifismus". Vielmehr reicht er über den Internationalen Versöhnungsbund, die Deutsche Friedensgesellschaft, die Quäker und Täuferbewegung, die frühen (vorkonstantinischen) Christengemeinden und die israelitischen Propheten bis weit in frühbiblische Zeiten, von andersreligiösen Traditionen gar nicht zu reden. Nein, die Überzeugung, Konflikte ohne Gewalt beizulegen, ist keine moderne, keine europäische und auch keine ausschließlich christliche Idee. „Was du nicht willst, dass man dir tu', das füg' auch keinem andern zu." Diese zum Sprichwort gewordene „Goldene Regel" gilt seit Jahrtausenden in verschiedenen Kulturen und Religionen. Und sie gilt noch heute – im zwischenmenschlichen Umgang ebenso wie in der Außen- und Sicherheitspolitik.

Zweitens muss der Pazifismus nicht überwunden werden, vielmehr: er *darf* nicht überwunden werden. Was wäre denn gewonnen? Dass wir zurückkehren in die Vorkriegszeit, ja ins Mittelalter und noch weiter, als Gewalt und Krieg als selbstverständliche „Fortführung der Politik mit anderen Mitteln" (Clausewitz) galten?

Sollte das erstrebenswert sein? Wer kann sich ernsthaft wünschen, dass Kriegseinsätze nicht mehr kritisiert, nicht mehr in Frage gestellt, nicht mehr verhindert werden? Dass Entscheidungen über Krieg und Frieden, über Leben und Tod zahlloser Menschen, ausschließlich wenigen Regierenden überlassen werden? Ohne kritischen Widerspruch und Widerstand, der doch niemals alleine der *parlamentarischen* Opposition überlassen werden darf? Sollte das die Lehre aus dem Nationalsozialismus und aus zwei von Deutschland (an)geführten Weltkriegen sein: dass *Pazifismus überwunden* werden muss?!

An solchen Aussagen wie auch in den Kriegen und Krisen dieser Zeit zeigt sich, dass das Denken in militärischer Stärke und Drohung keineswegs überwunden ist, ganz im Gegenteil. Die Forderung nach gewaltloser Konfliktbearbeitung wird oft belächelt, gar verhöhnt. Dabei offenbaren die Kritiker und Spötter vor allem ihre eigene Naivität, friedenspolitische Begrenztheit und eine erschreckende Unkenntnis, was gewaltlose Konfliktbearbeitung bedeutet und zu leisten vermag.

Wolfgang Ischinger befindet sich mit seiner Äußerung wohl nicht zufällig im Fahrwasser jener Botschaften, die ausgerechnet im Weltkriegs-Gedenkjahr 2014 von Bundespräsident Gauck, Außenminister Steinmeier und Verteidigungsministerin von der Leyen ähnlich vorgebracht wurden: dass nämlich Deutschland mehr weltpolitische Verantwortung zeigen müsse – nicht nur, aber doch *auch* in Form stärkerer Beteiligung an militärischen Einsätzen, an Kriegen rund um den Globus. Das Dutzend aktueller Auslandseinsätze der deutschen Bundeswehr scheint nicht genug zu sein.

Die genannten Politiker nehmen in Anspruch, sich an christlichen Werten zu orientieren. Jesus aber lehrte und lebte das Gegenteil dieser Konfliktlogik, und er stand – wie die Beiträge in diesem Buch eindrücklich verdeutlichen – damit in einer Tradition, die bis Abraham zurückreicht: Konflikte nicht durch militärischen Druck und Gewaltandrohung, sondern durch Verhandlung und Kompromisse beilegen; Gewalt nicht mit Gegengewalt beantworten; die

Teufelskreise der Gewalt und die üblichen Konfliktmechanismen durchbrechen. Das ist die *jesuanische* Friedensethik: Zeitlos und aktuell. Ärgernis und Anstoß. Anregend, aufregend und ermutigend.

„Warum schlägst Du mich?" Es ist eine einfache Frage, die Jesus dem Knecht des Hohenpriesters stellt. Jesus schlägt nicht zurück und droht auch nicht mit himmlischen Heerscharen, er beschimpft und verflucht ihn nicht, klagt ihn nicht einmal an – er stellt ihm eine Frage. Eine einfache, kurze Frage – doch je nachdem, welches der vier Worte man betont, ergibt sich eine Reihe weiterer Fragen:

- *Warum* schlägst du mich? Was ist der Grund, was der Auslöser, was bringt dich dazu, einen anderen Menschen zu schlagen?
- Warum *schlägst* du mich? Warum tust du Gewalt an? Hast du keine anderen Mittel und Möglichkeiten? Muss die Gewalt denn sein? Ist sie angebracht?
- Warum schlägst *Du* mich? Der Einzelne ist angesprochen. Er trägt die Verantwortung für sein Handeln, nicht die übergeordnete Autorität, nicht die Strukturen oder Institutionen, nicht die üblichen Gepflogenheiten. Du. Ich!
- Warum schlägst du *mich*? Was habe ich (dir) getan? Was war mein Fehlverhalten? Was stört dich daran? Bin wirklich *ich* das Problem?

Es ist ein kurzes und doch eindrückliches Beispiel für gewaltlosen Umgang mit Konflikten. Zwar ist die Bibel auch voll von Gewaltgeschichten, die leider bis heute herangezogen werden, um Gewalt und Kriege religiös zu legitimieren. Daraus, befeuert durch eine einseitig-gewaltorientierte mediale Berichterstattung, entsteht dann bei vielen Menschen der Eindruck, die Religionen seien an allem Unheil schuld, seien Ursache so vieler Konflikte, seien genuin gewaltträchtig und gefährlich – und also wäre die Welt viel friedlicher ohne jegliche Religion. Geistliche und Gläubige aller Religionen reden, schreiben und streiten dagegen an, doch werden ihre

Stimmen nicht gehört vor lauter Säbelrasseln, Geschützdonner und Nachrichtengewitter. Zweifellos müssen die Stimmen des Friedens noch viel mehr und noch viel lauter werden, doch lassen wir uns nicht glauben machen, das seien nur Einzelstimmen, das sei bloß eine irrelevante Minderheit!

Ein Gewalt legitimierender Missbrauch der Bibel (wie auch Heiliger Schriften anderer Religionen) ist nur möglich, wenn die historischen und theologischen Kontexte solcher Überlieferungen vernachlässigt werden. Und wenn ein großer Teil der Bibel schlicht ignoriert wird: Nämlich all jene Erzählungen, in denen Gewalt „zum Himmel schreit" (2. Chronik 28,9) und verurteilt wird; in denen die Gewalt(logik) überwunden wird; in denen Verständigung und Verhandlungen gefordert werden; in denen Gewaltlosigkeit und Versöhnung praktiziert werden.

Die Bibel ist voller solcher Geschichten. Manche sind wohlbekannt wie jene von David und Saul, viele andere werden oft übersehen und überlesen, etwa das mutige Handeln der hebräischen Hebammen Schifra und Pua in Ägypten (2. Mose 1,15-21). Diese Erzählungen gilt es wieder zu entdecken und in heutigem Licht neu wahrzunehmen. Sie sind unser Erbe, unsere Tradition, unser Fundament. Darauf gründen alle christlich-gewaltlosen Überzeugungen und Bewegungen der letzten Jahrhunderte bis in die Gegenwart. Von diesen Erfahrungen können wir auch heute noch lernen und profitieren.

Frieden wird nicht ein Mal errungen und dann nie wieder verloren. Frieden ist ein Weg, der uns ständig vor neue Herausforderungen stellt. Darauf müssen Friedensforschung, Friedenspolitik, Friedensethik, Friedenstheologie und Friedensarbeit reagieren. Sie müssen sich immer wieder selbstkritisch reflektieren und weiterentwickeln. Vergegenwärtigt man aber die vielen biblischen Beispiele, so stellt man fest, dass die Grundkonflikte keineswegs neu sind. Konflikte aufgrund von Angst und Sicherheitsdenken, Neid und Gier, (National-)Stolz und Eitelkeit, Wohlstandswahrung und Ressourcensicherung, Großmachtstreben und Bündnisverpflichtungen, Terror und Terrorbekämpfung u. a. m.: das alles kennt auch die Bibel. Wie Menschen damals mit solchen Problemen umgingen, wie sie nach Gottes Willen und Werten suchten, wie sie gewaltlose Lösungen fanden und praktizierten – das ist nicht nur hoch interessant, sondern auch höchst aktuell! Und es macht deutlich: Konstruktive Konfliktbearbeitung ist keine neuzeitliche „Erfindung" und Gewaltlosigkeit keine naive Idee weltfremder „Gutmenschen", sondern eine urbiblische Forderung *und Praxis!* Sie gilt weit über den privat-zwischenmenschlichen Raum hinaus, auch für die internationale Politik. Gewaltlosigkeit steht nicht zur Disposition oder bloß am Rande, sondern im Zentrum christlichen Glaubens und christlicher Ethik.

Doch steht sie auch im Zentrum des heutigen christlichen, respektive kirchlichen Handelns? Vollmundige theologische Erklärungen bleiben halb- und hartherzige Lippenbekenntnisse, wenn ihnen kein konkretes Tun folgt. Das galt vor 5000 Jahren ebenso wie heute.

Dass eine Wiederentdeckung der biblischen Überlieferungen gewaltloser Konfliktbearbeitung dringend an der Zeit ist, wird auch daran deutlich, dass es kaum Literatur dazu gibt, geschweige denn eine Sammlung entsprechender Beispiele und Texte. Sind wir vielleicht eingeschüchtert von der dröhnenden Gewaltrhetorik rund um die Religionen? Oder ist es Unwissenheit um die biblischen Wurzeln der Gewaltlosigkeit? Ist es gar Gleichgültigkeit gegenüber der biblischen Friedensethik, jener des Jesus von Nazareth wie auch jener des Alten Testaments? Ist es einfach gerade „aus der Mode", also eine faktische Relativierung und Nachrangigkeit des theologischen Friedensanspruchs? Oder ist es Folge einer primär auf Innerlichkeit ausgerichteten Theologie und Spiritualität, die die politischen Dimensionen solcher Texte übersieht, vernachlässigt, verdrängt, gar verschweigt?

Ich wage keine Antwort, doch erstaunlich ist es allemal.

Gibt es auch wenig Literatur, so haben sich dennoch etliche Menschen – teilweise seit vielen Jahren – intensiv mit diesen biblischen Friedensgeschichten beschäftigt: In Predigten und Andachten, eigenen Liedern oder Gedichten u. a. m. Wahre Schätze sind es, die in diversen Schubladen des Landes ruhten und darauf warteten, endlich gehoben zu werden. Hier sind sie nun, mitnichten alle, aber einige davon: Unterschiedliche Texte von unterschiedlichen Autorinnen und Autoren mit unterschiedlichen Perspektiven, konfessionellen Prägungen, theologischen Schwerpunkten, sprachlichen Stilen, tagesaktuellen oder politischen Hintergründen. In guter ökumenischer Tradition ergibt dies eine wunderbar bunte Vielfalt an Beiträgen – gerichtet an eine ebenso bunte und vielfältige Leserschaft.

Kein theologisch-religionswissenschaftliches Werk soll es sein, weshalb auf die üblichen Fußnoten- und Literaturapparate weitgehend verzichtet wurde. Vielmehr ein Lesebuch, das man gerne in die Hand nimmt, vielleicht als Bettlektüre genießt oder in der eigenen Arbeit einsetzt, immer wieder mal darin herumblättert oder auch intensiv darüber meditiert. Das Buch soll zum individuellen oder gemeinsamen Nachdenken und Diskutieren anregen, will aber keine einheitliche theologische oder friedenspolitische Botschaft verkünden. Daher geben die Autorinnen und Autoren auch nur ihre je eigene Meinung wieder, die nicht an jeder Stelle der des Herausgebers entsprechen muss. Vielmehr habe ich mich bemüht, so wenig wie nötig in die Texte einzugreifen und die individuellen Eigenarten – inhaltlich wie sprachlich – zu bewahren. Was dem Einen ein Ärgernis sein mag, ist dem Anderen eine Ermutigung; anregend ist es allemal.

Ich danke allen Autorinnen und Autoren sehr herzlich für die Bereitschaft, ihre Beiträge zur Verfügung zu stellen. Dieser Dank gilt ausdrücklich auch all jenen, deren Texte aus Platzgründen hier leider nicht untergebracht werden konnten. Die Resonanz auf den Aufruf um Mitwirkung an diesem Buchprojekt war erfreulich groß, doch umso schwieriger war dann die Auswahl der Texte.

Besonderer Dank gebührt zudem der Evangelischen Landeskirche in Baden, die dieses Buch in Auftrag gegeben und wesentlich finanziert hat. Das Werk ist damit zugleich ein weiterer Baustein in dem äußerst beachtlichen Prozess einer friedensethischen Neupositionierung, den die badische Landeskirche seit einigen Jahren vorantreibt. Namentlich genannt seien Stefan Maaß und Jürgen Stude von der dortigen Arbeitsstelle Frieden. Auf einer gemeinsamen Zugfahrt unvorsichtig geäußert, sprangen sie sofort auf die Idee zu einem solchen Sammelband an und ließen alle nötigen Taten folgen; o wohl der Kirch', o wohl der Stadt, die solche Friedensstreiter hat!

Herzlicher Dank schließlich auch der Evangelischen Arbeitsgemeinschaft für Kriegsdienstverweigerung und Frieden (EAK), die die Herstellung dieses Buches ebenfalls großzügig unterstützt hat.

Tübingen, im Juli 2015
Markus A. Weingardt

Die verwendeten Bibeltexte sind (wenn nicht anders angegeben) nach der Einheitsübersetzung zitiert.

Margot Käßmann

Gewalt und Gewaltfreiheit in der Bibel

Ein Überblick

Als sich im Jahr 1997 der Exekutivausschuss des Ökumenischen Rates der Kirchen ÖRK im Kloster von Kykkos auf Zypern traf, verabschiedete er eine Stellungnahme zur Situation des geteilten Landes. In dieser wurde die Invasion Zyperns durch türkisches Militär im Jahr 1974 deutlich missbilligt und die jüngsten Gewalthandlungen entlang der Pufferzone beklagt. Mit der Stellungnahme bekräftigte der Rat nochmals die Unterstützung einer umfassenden Beilegung des Zypern-Konflikts auf dem Verhandlungsweg. Die anderen Mitgliedskirchen des ÖRK wurden dazu aufgefordert, die Kirche in Zypern zu unterstützen und in ihrem Bemühen um Treue zu Jesus Christus, dem Friedensfürst, zu begleiten. Eines Morgens wurde während des Gottesdienstes in der alten Kapelle des Klosters Psalm 3 gelesen: „Auf, HERR, und hilf mir, mein Gott! Denn du schlägst alle meine Feinde auf die Backe und zerschmetterst der Gottlosen Zähne." Einige Mitglieder des Exekutivausschusses empfanden einen tiefen Widerspruch zwischen der Beschreibung eines gewalttätigen Gottes und der Stellungnahme zu Zypern, der sie gerade zugestimmt hatten.

Viele Christinnen und Christen sind irritiert, dass einige biblische Texte vom gewalttätigen Handeln Gottes sprechen oder an dieses appellieren. Der gewalttätige Gott und die Gewalt des Volkes Gottes sind im hebräischen Teil der Bibel kein vereinzeltes Thema. Ein Wissenschaftler hat im Alten Testament 600 Textstellen mit expliziter Gewalt gezählt und 1000 Verse, in denen gewaltsames Handeln auf Gott zurückgeführt wird – Geschichten, in denen Gott das Töten befiehlt sowie solche, in denen Gott selbst andere tötet.¹ Jahwe wird als Krieger beschrieben (2. Mose 15,3), er benutzt Waffen (Hab 3,9; 11-12), Gott kämpft sogar aktiv gegen das erwählte Volk (Klgl 2,5). Es ist nicht einfach, sich mit diesem Erbe zu beschäftigen. Manche sind der Auffassung, dass diese Sprache nur ein Hinweis darauf ist, dass Gott sich nicht von der Geschichte fernhält, sondern vielmehr an ihr beteiligt ist, dass Gott sich in realen Konflikten engagiert und so auf die göttlichen Ziele hinarbeitet.² Andere wenden dagegen ein: „Können wir sagen, dass bei Gott der Zweck die Mittel rechtfertigt, wenn wir wissen, dass dies zwischen Menschen nicht der Fall ist?"³

In den letzten Jahren wurde der These von René Girard große Aufmerksamkeit gewidmet. Nach Girards Auffassung ist die Gewalt in der Bibel nötig, um die heilige Gewalt als Lüge bloßzustellen. Seine Behauptung, dass ein gewaltloser Gott Gewalt gebraucht, um sie zu entlarven und um so die gewaltlose Natur des Göttlichen zu offenbaren, ist aufschlussreich und ansprechend, wenngleich auch sehr komplex. Sie unterstreicht die Aufgabe der Christenheit, wie Jesus Zeugnis abzulegen von der Überwindung der Gewaltmechanismen.⁴ Aber hier ist Vorsicht geboten, um nicht den Eindruck einer tiefen Trennung zwischen dem Alten Testament und dem Neuen Testament zu erwecken. Wenn das Neue Testament als Offenbarung einer ‚besseren Religion' verstanden wird, dann könnte der erste Teil der Bibel leicht als eine zweitrangige Offenbarung herabgestuft oder vom christlichen Glauben sogar in der Art der markionitischen Häresie abgeschafft werden. Dies unterstreicht die Notwendigkeit, die gesamte Frage der Gewalt im interreligiösen Dialog – insbesondere zwischen Christen, Juden und Muslimen – aufzugreifen.

---

1 Vgl. Raymund Schwager, Brauchen wir einen Sündenbock? Gewalt und Erlösung in den biblischen Schriften, München 1978, S. 64ff.
2 Vgl. G. Ernest Wright, The Old Testament and Theology, New York 1969.
3 Albert Curry Winn, Ain't Gonna Study War No More, Louisville 1993, S. 65.
4 Vgl. René Girard, Der Sündenbock, Zürich, Benziger Verlag, 1988, S. 148ff.; und ders., Das Heilige und die Gewalt, Frankfurt am Main 1992.

Tatsächlich kann bezüglich der Legitimierung der Gewalt im hebräischen Teil der Bibel eine Ambivalenz festgestellt werden. Dies liegt zum Teil an den unterschiedlichen Kontexten und Wahrnehmungen der Autoren. Die Sehnsucht aber nach einem Gott, der für das Volk kämpft, und das Verständnis einer Krise als Strafe Gottes sind in fast allen Religionen und Kontexten einschließlich des Christentums bekannt. Soldaten tragen „Gott mit uns" auf ihrem Gürtel und Revolutionäre werben mit Slogans wie „Gott ist an der Seite des Volkes" für Unterstützung.

Neben den klaren Belegen für einen Kriegsgott läuft jedoch ein roter Faden der Gewaltfreiheit durch das Alte Testament. Dies ist ein spannender Aspekt, der selten beachtet wird. Anstatt immer wieder von der Rechtfertigung der Gewalt im hebräischen Teil der Bibel irritiert oder abgestoßen zu werden, sollte auf Texte wie die Geschichte von Schifra und Pua hingewiesen werden, eine Erzählung von mutigem zivilen Ungehorsam – um es in Begriffen unserer Zeit auszudrücken (2. Mose 1,15-22). Oder zum Beispiel Jesaja 53, der bekannte Text über den leidenden Knecht, der sich selbst dem Tod hingibt und vor dem die anderen ihr Gesicht verbergen. Wir können an Micha 4,2-4 denken, wo Schwerter zu Pflugscharen werden – oder an viele andere visionäre Texte der Propheten. Gott schenkt Schalom und Gott befreit. Gott führt die Israelitinnen und Israeliten aus Ägypten heraus, heraus aus einem Leben in Unterdrückung und Gewalt. Es gibt Gewalt, aber Gott gibt sich mit dieser Situation nicht zufrieden. Gott gibt die Kraft und die Kreativität, um die Ketten der Unterdrückung gewaltfrei zu durchbrechen. Gott wirkt befreiend. Gott verbietet, Menschen zu töten, schon im Bund mit Noah (1. Mose 9,6) und in den Geboten.

Im hebräischen Teil der Bibel findet sich ein Fülle von Zeugnissen, die Gott als die Quelle des Schalom beschreiben. Dem Volk und der Schöpfung wird Frieden zuteil; die Propheten wurden zu Streitern für den Frieden. Die ‚Dekade zur Überwindung der Gewalt' kann solchen Texten ein neues Gewicht verleihen. Es gibt noch viel zu entdecken – genauso, wie die Feministische Theologie neue Einsichten für die Lektüre der Schrift ermöglicht hat, geschieht dies vielleicht auch bei der Suche nach dem roten Faden der Gewaltfreiheit.

Die Botschaft des Neuen Testaments ist eindeutig. In der Bergpredigt eröffnet Jesus eine ganze Reihe neuer Kategorien. Selig sind nicht die Krieger und Kriegerinnen, die Heldinnen und Helden, die Freiheitskämpfer und Freiheitskämpferinnen, die Starken und Mutigen, sondern die Armen im Geist, die Leidtragenden, die Sanftmütigen und die, die hungern und dürsten nach Gerechtigkeit, die Barmherzigen, die, die reinen Herzens sind, die Friedfertigen und die Verfolgten. Was für ein Widerspruch zur Realität dieser Welt!

Die Bergpredigt wurde oft als unrealistischer, romantischer Text abgetan, der in einer Welt des Kampfes, der Macht und der Angst im Grunde nutzlos ist. Der frühere Bundeskanzler Helmut Schmidt hat einmal erklärt, mit der Bergpredigt könne man keine Politik machen. Die Worte Jesu über das Vergelten (Mt 5,38 ff.; Lk 6,29 ff.) wurden oft zitiert, um die Unzulänglichkeit des Evangeliums als Richtschnur für das Leben in der wirklichen Welt zu beweisen: „Es schien unausführbar, masochistisch, selbstmörderisch – eine Aufforderung an brutale Kerle und Männer, die ihre Frauen schlagen, mit ihren wehrlosen christlichen Opfern zu machen, was sie wollen."[5] Gleichwohl stellt wahrscheinlich kein anderer Text des Neuen Testaments eine derartige Anfrage an unsere Realität dar und gibt so viel Hoffnung, dass die Verhältnisse in dieser Welt anders sein könnten und in Gottes Zukunft anders sein werden.

Walter Wink hat eine brillante und wichtige Differenzierung zwischen Widerstandslosigkeit und Gewaltfreiheit getroffen. Bei genauem Hinsehen zeigt er, dass das „Hinhalten der anderen Backe" den Aggressor erniedrigt, dass das Geben des Untergewands die Grausamkeit entlarvt und dass das „Gehen einer zweiten Meile"

---

[5] Walter Wink, Engaging the Powers, Minneapolis 1992, S. 175. Auf deutsch erschienen u.d.T. Verwandlung der Mächte. Eine Theologie der Gewaltfreiheit, hrsg. von Thomas Nauerth und Georg Steins, Regensburg 2014.

eine mögliche Form des Protests ist.[6] Eindrücklich konnte das die VELKD-Bischofskonferenz kürzlich bei einem Bibliodrama wahrnehmen. Nach dieser Interpretation von Wink hat Jesus kreativ die Methoden des gewaltfreien Widerstands genutzt, um den Mächtigen die Stirn zu bieten und um die Gemeinschaft wiederherzustellen. Die Entdeckung, dass die Bergpredigt zu Gewaltfreiheit, nicht aber zu Widerstandslosigkeit aufruft, ist faszinierend. Jesus selbst ist den Weg des gewaltfreien Widerstands ganz bis zum Ende gegangen. Als er am Kreuz starb, blieb er noch immer eine Provokation für die Mächtigen. Über seinen Tod hinaus wurde offensichtlich, dass er nicht besiegt wurde, sondern eine Herausforderung für die Mächte der Gewalt bleibt. Die von Menschen ausgeübte Gewalt hat nicht das letzte Wort – das ist ein gewichtiges Element des christlichen Glaubens an die Auferstehung.

Dennoch finden sich auch im Neuen Testament einige Stellen, die oft zur Rechtfertigung von Gewalt benutzt wurden. Eine davon ist die Geschichte von der Tempelreinigung Jesu (Mt 21,12 ff.; Mk 11,15 ff.): Jesus treibt die Kaufenden und Verkaufenden aus dem Tempel, stößt dabei Tische und Stühle um und benutzt nach der verwandten Darstellung im Johannesevangelium (2,13-16) sogar eine Geißel. Verschiedene Erklärungen sind vorgeschlagen worden, zum Beispiel, dass dies als eine prophetische Handlung zu interpretieren sei.[7] Aber wenn Jesus wahrer Mensch war, dann könnte auch angenommen werden, dass sein Zorn in diesem Fall stärker war als seine Überzeugung, dass Gewaltfreiheit der richtige Weg ist. Es ist offensichtlich, dass der Rückgriff auf Gewalt in vielen Fällen ein Zeichen von Schwäche ist, eine Unfähigkeit, anders zu handeln, weil die Emotionen zu stark sind. Warum sollte es nicht möglich sein, Jesus so zu sehen – aufgebracht wegen des Missbrauchs des Tempels für ökonomische Zwecke und so wütend, dass er die Geduld verlor? Wenn das Konzil von Chalcedon 451

---

6   Ebd., S. 175 ff.
7   Vgl. Anderson, Jesus and Peace, a. a. O., S. 120; Winn, a. a. O., S. 15 f.

erklärt hat, dass Jesus gleichzeitig wahrer Mensch und wahrer Gott war, dann können wir menschliche Schwächen an ihm sehen, ohne seinen göttlichen Charakter aus dem Blick zu verlieren.

Ein anderer Text, der oft gegen einen pazifistischen Ansatz gewendet wird, ist Matthäus 10,34 ff.: „Ich bin nicht gekommen, Frieden zu bringen, sondern das Schwert." Manche behaupten, dass Jesus hier nicht über die Menschen spricht, sondern über die Obrigkeiten.[8] Wird der Vers jedoch im Zusammenhang der warnenden Voraussagen Jesu über die feindliche Aufnahme der Jünger (vgl. Lukas 12,51 – nicht Friede, sondern Zwietracht) betrachtet, kann er verstanden werden als Vorbereitung auf die Tatsache, dass das Evangelium und die, welche es verkünden, abgelehnt werden: „Diese Voraussage bezieht sich auf Märtyrer, nicht auf Mörder."[9]

Im Garten von Gethsemane fordert Jesus später einen seiner Jünger, der sich der Gefangennahme widersetzt, klar und deutlich auf: „Stecke dein Schwert zurück an seinen Ort! Denn wer das Schwert nimmt, der soll durch das Schwert umkommen" (Mt 26, 52). Dies zeigt, dass Jesus sich des Kreislaufs der Gewalt sehr bewusst war. Er kannte die Realität der Macht und der Gewalt. Für Christen und Christinnen ist jedoch eine andere Logik maßgebend: Wer groß sein will, soll Dienerin und Diener der anderen sein (Mt 20,26). Die Lehre Jesu als Ganze kann nicht durch Einzelverse wie Lukas 22,36 („wer kein Schwert hat, verkaufe seinen Mantel und kaufe eins") in Frage gestellt werden. Vielmehr sehen wir ein Konzept, das die weithin akzeptierte ‚Normalität' der Gewalt hinterfragt. Oft hat Jesus seine Jünger provoziert – als er mit dem Zöllner aß, den Kindern zuhörte und den liebte, der ihn verriet. Sein Leben und die Geschichten, die er erzählte, lehren eine Ethik, die alle Beteiligten einbezieht. Übertragen auf Konfliktsituationen bedeutet dies, die unterschiedlichen Motive sowie die Folgen für alle

---

8 Vgl. Ellul, Violence, S. 161.
9 So Anderson, a.a.O., S. 121.

beteiligten Gruppen zu berücksichtigen. Ein Mediationsansatz zur Konfliktlösung funktioniert auf die gleiche Art und Weise.

Niemand weiß im voraus, ob er oder sie in kritischen Situationen tatsächlich die Kraft haben wird, dem Gebrauch von Gewalt zu widerstehen. Darum ist auf der Seite der Befürworterinnen und Befürworter der Gewaltfreiheit große Demut nötig. Es steht Christinnen und Christen nicht an, jemanden zu verurteilen, der oder die zur Verteidigung der Menschenrechte, seines oder ihres Volkes, der Familie oder seiner oder ihrer selbst Gewalt gebraucht. Aber die Lehre Jesu wird immer in einem scharfen Widerspruch dazu stehen. Jesus hat sich mit den Armen und Schwachen identifiziert, aber er hat keine Gewalt gebraucht, um ihre Situation zu verändern oder um sie oder sich selbst zu verteidigen. Er selbst wurde nach dem Gesetz eines Militärregimes gewaltsam getötet. Auch wenn die wenigen Stellen in Betracht gezogen werden, in denen Jesus Gewalt zu rechtfertigen scheint, „muss man die ganzen evangelischen Berichte verdrehen und uminterpretieren, […] wenn man aus Jesus einen Guerillakämpfer, einen Putschisten, einen politischen Agitator und Revolutionär und seine Botschaft vom Gottesreich zu einem politisch-sozialen Agitationsprogramm machen will."[10]

Jesus ruft offenkundig zu einer Friedensethik auf, zur Feindesliebe ebenso wie zur Nächstenliebe. In Johannes 15,13 heißt es: „Niemand hat größere Liebe als die, dass er sein Leben lässt für seine Freunde." Dies bezieht sich auf die aufopferungsvolle Liebe, nicht auf das Töten eines anderen um eines Freundes willen. Jesus ermutigt uns zu dem Wagnis, den Weg der Gewaltfreiheit zu gehen. Walter Wink erläutert, wie er einen dritten Weg zwischen Gewalt und Gewaltfreiheit als Methode des Widerstands gegen die Mächte der Unterdrückung gelehrt hat.

In Bezug auf den hebräischen Teil der Bibel muss zwischen zwei Traditionen, zwei Gottesbildern differenziert werden. Jesus hat eine Wahl für uns getroffen, da er auf der einen Seite die Ambivalenz

---

[10] Hans Küng, Christ sein, München 1974, S. 178.

zwischen dem Zorn Gottes und der Liebe Gottes nicht aufgelöst hat, auf der anderen Seite aber seinen Anhängerinnen und Anhängern unmissverständlich geraten hat, ihre Feinde zu lieben und für ihre Verfolger zu beten (Mt 6,44 f.). Ja, es gibt ihn auch, den zornigen, den strafenden Gott. Aber: Die Friedfertigen werden Kinder Gottes genannt (Mt 5,9). „Der Krieg, der den Jüngern Jesu bevorsteht [...], ist ‚umgekehrtes Kämpfen' – die Annahme der Ungerechtigkeit, die einem selbst angetan wird, des Schmerzes, des Leides und sogar des Todes."[11] Auf dieser Basis sollte die Ablehnung der Gewalt – nicht die Verurteilung der Menschen, die Gewalt gebrauchen – der eindeutige Beitrag der Kirchen sein.

Dieser Text ist ein Auszug aus Margot Käßmann: Gewalt überwinden. Eine Dekade des Ökumenischen Rates der Kirchen. Lutherisches Verlagshaus: Hannover 2000, S. 45–54. Abdruck mit freundlicher Genehmigung des Verlags.

---

11 Winn, a.a.O., S. 146.

J. Jakob Fehr

Der Turmbau zu Babel
oder:
Gottes milde „Strafe"

(1. Mose 11,1-9)

¹ Es hatte aber alle Welt einerlei Zunge und Sprache. ² Als sie nun nach Osten zogen, fanden sie eine Ebene im Lande Schinar und wohnten daselbst. ³ Und sie sprachen untereinander: Wohlauf, lasst uns Ziegel streichen und brennen! – und nahmen Ziegel als Stein und Erdharz als Mörtel ⁴ und sprachen: Wohlauf, lasst uns eine Stadt und einen Turm bauen, dessen Spitze bis an den Himmel reiche, damit wir uns einen Namen machen; denn wir werden sonst zerstreut in alle Länder. ⁵ Da fuhr der HERR hernieder, dass er sähe die Stadt und den Turm, die die Menschenkinder bauten. ⁶ Und der HERR sprach: Siehe, es ist einerlei Volk und einerlei Sprache unter ihnen allen und dies ist der Anfang ihres Tuns; nun wird ihnen nichts mehr verwehrt werden können von allem, was sie sich vorgenommen haben zu tun. ⁷ Wohlauf, lasst uns herniederfahren und dort ihre Sprache verwirren, dass keiner des andern Sprache verstehe! ⁸ So zerstreute sie der HERR von dort in alle Länder, dass sie aufhören mussten, die Stadt zu bauen. ⁹ Daher heißt ihr Name Babel, weil der HERR daselbst verwirrt hat aller Länder Sprache und sie von dort zerstreut hat in alle Länder.
(1. Mose 11,1-9 nach Luther)

Wie viele Sprachen können Sie sprechen? Ein pfälzischer Freund antwortete mir einmal scherzend: „Isch kaan nit emmol gscheiht

Hochdeitsch rede." Nun, wenn wir Sprache im weitesten Sinne als Mittel der Kommunikation zwischen Menschen verstehen, sehen wir bald, dass wir alle wohl viele „Sprachen" sprechen. Neben Fremdsprachen und regionalen Dialekten gibt es beispielsweise die Möglichkeit, mit einer Geste eine dezidierte Äußerung zu machen. Damit spricht man eine bestimmte Sprache, ohne den Mund zu bewegen. Einige von diesen Gesten können sogar einem Autofahrer ein Strafverfahren ins Haus bringen. Ohne ein Wort mit einem anderen Menschen gesprochen zu haben, hat der Fahrer eindeutig oder gar vieldeutig kommuniziert.

Es gibt auch besondere Anwendungen von Deutsch, die uns wie eigenständige Sprachen oder Sprachräume vorkommen. Manche Erwachsenen klagen, die Jugendsprache sei kaum verständlich, das sei eine Fremdsprache. Es gibt auch die eigentümliche Sprache, die wir benutzen, wenn wir mit Babys spielen. Es gibt die Fachsprachen von Ärzten und Theologen, von Elektrikern und Ingenieuren. Und auch im Bereich des „normalen" Gesprächs gibt es sehr unterschiedliche Sprachräume, so dass eine Person, die in dem einen „Sprachraum" des Deutschen zu Hause ist, sich fremd vorkommt in einem anderen deutschen Sprachraum. Zum Beispiel mag eine Person, die den intellektuellen Diskurs beherrscht, große Probleme haben, über Gefühle und Empfindungen zu sprechen, und umgekehrt.

Welche Sprachen können Sie sprechen? Für viele Lebensbereiche lernen wir eine eigenständige Art der Kommunikation. Es bereichert unser Leben, in verschiedenen Sprachräumen sich orientieren zu können.

In der Erzählung vom Turmbau zu Babel geht es unter anderem um Vielsprachigkeit. Ich denke, wir alle sehen das als Vorteil an, mehrere Sprachen und Sprachebenen zu beherrschen. Früher dachte man, dass Kinder, die mit mehreren Sprachen aufwachsen, verwirrt würden, aber die Praxis zeigt, dass das nicht stimmt. Zudem ist es mehrmals wissenschaftlich nachgewiesen worden, dass

Kinder Vorteile davon ziehen, mehrsprachig aufzuwachsen. Daher darf man sich wohl fragen, warum wir meinen, in der Geschichte vom Turmbau sei Vielsprachigkeit eine göttliche Strafe.

In diesem Sinne möchte ich diese bekannte Geschichte neu lesen, die sehr oft als eine Warnung verstanden wird. Wir alle kennen Auslegungen dieser Bibelstelle als „gnadenloses Gottesgericht" (Gerhard von Rad). Es wird gesagt, hier gehe es um Menschenstolz. Es gehe um den Versuch der Menschheit, in den Himmel emporzusteigen. Daher habe Gott die Menschen von Babel für ihre Anmaßung bestraft. Manche stellen sich vor, ein erzürnter Gott kam mit großer starker Hand und zerstörte den Turm, bevor er fertiggestellt werden konnte: „Gib acht, dass du nicht versuchst, einen Turm bis in den Himmel zu bauen. Gib acht, dass du nicht auch so stolz wirst! Denn sonst wird der Herr deinen Turm zerstören und dich erniedrigen und durcheinanderbringen."

Gibt es die Möglichkeit, diese Stelle anders zu lesen? Wäre es möglich, einen Gott der Liebe in dieser Erzählung zu erblicken? Lasst uns hinhören, ob unser Gott – der Gott des Friedens und der Versöhnung und der Liebe und der Geduld – auch in dieser Erzählung aus der Hebräischen Schrift erkennbar ist.

Es ist interessant zu sehen, dass, wenn man die Turmbau-Geschichte als Mahnung liest, wichtige Elemente der Erzählungen außer Acht gelassen werden. Teile der Erzählung gehen zu Bruch. Zwei Fragen habe ich, die auf eine andere Deutung hinweisen. Denn hier ist nicht Droh-, sondern Frohbotschaft.

Die Angst vor dem Fremden

Erstens ist zu ermitteln, was die Leute wirklich angetrieben hatte, in Babel eine Stadt und einen Turm zu bauen. Was ist hier die eigentliche Sorge der Menschheit? Die Turmbauer sagen: „Wir müssen die Stadt und den Turm bauen, denn wir werden sonst zerstreut in alle Länder." (Vers 4) Sie äußern sich nicht stolz und überheblich, sondern ängstlich. Der alt bekannte Vorwurf passt also nicht zu der geäußerten Sorge um Zerstreuung. Ist vielleicht das problematische Verhalten dieser Menschen ganz anders zu deuten? Es steht nicht geschrieben, dass die Menschen aus Stolz ihre Stadt bauen, sondern: Sie bauen aus Angst und Sorge. Warum haben sie wirklich einen Turm gebaut? Vielleicht hängt es nicht mit einem Drang zum Himmel zusammen. Vielleicht haben sie etwas ganz anderes im Sinne. Kann es mit ihren Ängsten zusammenhängen?

Lasst uns eine Seite in der Bibel zurückblättern. Was passiert unmittelbar vor der Erzählung von Babel? In Kapitel 10 geht es um die Ausbreitung der Völker nach der Sintflut. Die Kinder Noahs verbreiten sich auf der Erde als Erfüllung des Versprechens Gottes, sie nach der Sündflut zu segnen. Die Sintflut, nicht der Turmbau, ist die eigentliche Katastrophe; eine Katastrophe, die das Leben aller Wesen nahezu auslöscht. Danach aber kommt der Segen im gleichen Kapitel: Von den Nachkommen der Söhne Noahs gibt es Kanaaniter und Amoriter und Siniter und Hamatiter und Aramiter und Uliter und Maschiter und Patrositer und Katorider und und und ... Kulturelle Verschiedenheit der Völker ist ein Zeichen der wiederhergestellten Schöpfung. Eine wunderbare (und beruhigende) Verbreitung der Menschheit nach der Sintflut. Gott schenkt Leben und Vielfalt; viele Völker, viele Stämme.

Erst danach kommt unsere Bibelstelle. Während die Menschheit sich überall ausbreitet, merkt eine bestimmte Gruppe, dass damit auch Gefahr verbunden ist. Diese Sippe beobachtet, dass manche Leute andere Wege gehen. Ja, sie werden anders. Sie nehmen andere Sitten an: Sie essen anders, sie reden anders, sie beten anders, sie kleiden sich anders. Die Geschlossenheit früherer Tage ist verlorengegangen.

In Kapitel 10 liegt die Betonung auf einer erfreulichen Ausbreitung und Unterschiedlichkeit der Sitten und Stämme. Hingegen wird bei den Leuten in Babel nicht Unterschiedlichkeit gepriesen, sondern Einheitlichkeit. Ihr Problem ist die Befürchtung, die Einheit ihrer Sprache und Kultur zu verlieren. Sie richten eine zentrale

Stelle ein, um die Ordnung zu bewahren und zu überwachen (man denke an Foucaults „Überwachen und Strafen"). Man beachte, wie oft das Wort „eins" betont wird (Verse 1,4,6). Warum diese Einheit und Geschlossenheit? Weil darin Sicherheit und Kontrolle über das Volk möglich wird. Diese Einheit soll die Vielfalt zerstören. Eine Mauer wird errichtet, um das Fremde auszuschließen. Das Fremde muss bekämpft werden, mit Ziegelsteinen und Erdharz. (Das verwandte Phänomen der Absonderung ist uns aus der Geschichte der Mennoniten in Nordamerika und Mexiko wohl bekannt.)

Aus Furcht vor dem Verlust ihrer einheitlichen Kultur und Sprache richtet Babel eine zentrale Machtstruktur ein. Eine Stadtmauer müsse gebaut werden, und dazu ein Turm! Nicht, um eine panoramische Aussichtsplattform zu errichten, sondern um die Einheitlichkeit zu überwachen, also mit Gewaltandrohung. Und dann werden auch alle Menschen, die neue Ideen einbringen wollen, unter Verschluss gehalten. Die Einwanderer, die Armen, die Kritiker werden somit überprüft und eingeschränkt. Ihnen wird nahegelegt, sich anzupassen. Sie sollen genau so sein, wie alle anderen in der Stadt. Mit der Errichtung des Turms geht es um die Bewahrung einer einheitlichen Kultur.

Eine historische Beobachtung lässt sich dazu im Zusammenhang mit den Anfangsworten der Erzählung anbringen: „als sie nun nach Osten zogen" (Vers 1). Dies ist ein Verweis auf die assyrischen Könige, die die Vereinheitlichung der Sprache innerhalb ihres Reiches durchsetzten. Um ihre Großprojekte zu verwirklichen, holten sie Zwangsarbeiter aus allen Teilen des Reichs heran, um ihre riesigen Städte, Paläste und Zikkurats zu bauen. Um die Kontrolle über diese vielfältige Mischung von Menschen zu sichern, wurden sie gezwungen, „einerlei Sprache zu sprechen". (Wer kann hier nicht an die Aufforderung denken, „die Türken in Deutschland müssen sich gefälligst an unsere Kultur anpassen"?)

Also lautet die Anklage im 1. Buch Mose: Um politische Macht zu erhalten und zu sichern, wird eine Stadt und ein Turm gebaut („damit wir uns einen Namen machen"). Um diese Herrschaft zu sichern, wird eine Einheitssprache durchgesetzt – ein Einheitsprojekt, das auf Einschränkung von Diversität gründet. Die Turmbauer waren getrieben von der Angst, ihre Einheit und Identität zu verlieren. Deshalb richteten sie eine Machtzentrale und damit ein Gewaltmonopol ein, „denn wir werden sonst zerstreut in alle Länder".

Gottes milde versöhnende „Strafe"

Ich habe noch eine zweite Frage. Wie genau hat Gott die Menschen von Babel bestraft? Hat er sie überhaupt bestraft? Muss man das als „Strafe" lesen, was passierte? Da heißt es im Vers 8: „So zerstreute sie der HERR von dort in alle Länder, dass sie aufhören mussten, die Stadt zu bauen." Ist das eine Bestrafung? Ich bin mir nicht so sicher, denn im 1. Buch Mose kommt das Bild von Ausbreitung und Zerstreuung ziemlich häufig als Segen vor. Denken wir an die Verbreitung der Fische und Vögel am fünften Schöpfungstag (1. Mose 1,22) oder den Ausbreitungsbefehl an Noah nach der Sintflut (1. Mose 8,16-17) oder das Versprechen Gottes an Abram, seine Nachkommen werden sich über alle Welt ausstrecken (1. Mose 17,2). Das heißt: An allen anderen Stellen im 1. Buch Mose, wo von Ausbreitung oder Verbreitung erzählt wird, ist dies ein positiv gesetztes Bild vom Segen Gottes. Warum soll dann nicht das Gleiche für Babel gelten? Darüber hinaus soll man eben auch die anfangs geschilderte Frage stellen, warum Vielsprachigkeit, die wir allgemein als etwas Gutes betrachten, als eine Strafe verstanden werden soll.

Sicher ist Gott mit den Absichten der Turmbauer nicht einverstanden. Er lässt sie nicht einfach ihren Irrweg weitergehen. Gott greift ein und überwindet die Stadt und den Turm, indem er die Menschen wegführt von ihrem Vorhaben, sich abzukapseln. Er tut es ohne Gewalt. Er tut es mit Liebe und Geduld. Ein Stück nach dem anderen. Wo das „Durcheinander" (so heißt „Babel") zugelassen wird, wird Gott erkennbar! Wo das Nichtverstehen als schöne neue Möglichkeit angesehen wird, wo das Fremde entdeckt und angenommen wird – ob nun in anderen Menschen oder in uns selbst –, in solchem Aushalten des Fremden vollzieht sich Gottes Handeln.

Es muss nicht alles unter Gottes Himmel gleich aussehen. Es muss nicht alles nach dem gleichen Muster geschehen. Ja, Gott will sogar, dass eine bunte Vielfalt entsteht. Wollen wir auch aus Angst vor Verlusten Recht und Ordnung bewahren, alles überschauen müssen, alles an einem Fleck zusammenhalten, damit keine Verluste entstehen und wir alles übersehen können? Oder lassen wir uns und anderen die Freiheit, ihre gottgeschenkte Individualität zum Ausdruck zu bringen? Wenn wir uns öffnen können für das, was nicht zu unserer Tradition gehört, wenn wir uns freuen können an etwas, das nicht so ist, wie wir es wünschen und immer gehabt haben, dann kommen wir in die Nähe Gottes.

Suchen wir unsere Gesellschaft einheitlich zu halten? Was in Deutschland geschieht, muss gefälligst auf Deutsch passieren? Ausländer haben sich gefälligst anzupassen? Sonst laufen wir Gefahr, die starke Einheit des Landes zu verlieren? Wer von solchen Befürchtungen getrieben wird, hat noch nicht die befreiende Liebe Gottes erlebt in den Begegnungen mit Fremden und Ausländern und Schwachen. Diese Menschen gilt es anzunehmen und ihnen Schutz zu bieten. Wir Mennoniten können uns in diesem Zusammenhang auf unsere eigene Geschichte in Deutschland rückbesinnen: Vor einigen Jahrhunderten waren die Volkskirchen geradezu davon besessen, Einheit zu bewahren im Streit um den richtigen Glauben, notfalls mit Gewalt. So wurden die Täufer und frühen Mennoniten Opfer der Angst um Bewahrung einer einheitlichen Kultur.

Im Neuen Testament bildet Jesus seinen Jüngerkreis nach einem Prinzip der Versöhnung von Menschen, die miteinander und mit Gott verfeindet sind. Der Weg Jesu baut Gemeinschaft, gerade mit Menschen, die als Fremdlinge und Außenseiter galten. Er führt sie in ihrer Verschiedenheit zusammen. Im Reich Gottes ist Platz für alle. Alle sind Gottes Hausgenossen. Das Wunder von Pfingsten in Apostelgeschichte 2 wird oft der Erzählung vom Turmbau gegenübergestellt. Hier ist jedoch eine Gemeinsamkeit: Der Geist Gottes führt Menschen nicht dazu, eine gemeinsame Sprache zu sprechen, sondern einander zu verstehen – trotz bleibender Verschiedenheit der Sprachen. So bezeugen Jesus und sein Geist die Lehre des 1. Buch Mose: Unterschiede zu akzeptieren und geduldig nach Verständigung zu suchen. Das ist eine Antwort auf Babel. Der echte Weg, in den Himmel emporzusteigen. Den Himmel berühren, indem wir einander annehmen.

Berthold Keunecke

Abram und Lot
oder:
Frieden durch Trennung – Trennung im Frieden

(1. Mose 13,1-12a)

¹ Von Ägypten zog Abram in den Negeb hinauf, er und seine Frau mit allem, was ihm gehörte, und mit ihm auch Lot. ² Abram hatte einen sehr ansehnlichen Besitz an Vieh, Silber und Gold. ³ Er wanderte von einem Lagerplatz zum andern weiter, vom Negeb bis nach Bet-El, bis zu dem Ort, an dem anfangs sein Zelt gestanden hatte, zwischen Bet-El und Ai, ⁴ dem Ort, wo er früher den Altar erbaut hatte. Dort rief Abram den Namen des Herrn an. ⁵ Auch Lot, der mit Abram gezogen war, besaß Schafe und Ziegen, Rinder und Zelte. ⁶ Das Land war aber zu klein, als dass sich beide nebeneinander hätten ansiedeln können; denn ihr Besitz war zu groß und so konnten sie sich nicht miteinander niederlassen. ⁷ Zwischen den Hirten Abrams und den Hirten Lots kam es zum Streit; auch siedelten damals noch die Kanaaniter und die Perisiter im Land. ⁸ Da sagte Abram zu Lot: Zwischen mir und dir, zwischen meinen und deinen Hirten soll es keinen Streit geben; wir sind doch Brüder. ⁹ Liegt nicht das ganze Land vor dir? Trenn dich also von mir! Wenn du nach links willst, gehe ich nach rechts; wenn du nach rechts willst, gehe ich nach links. ¹⁰ Lot blickte auf und sah, dass die ganze Jordangegend bewässert war. Bevor der Herr Sodom und Gomorra vernichtete, war sie bis Zoar hin wie

der Garten des Herrn, wie das Land Ägypten. *¹¹ Da wählte sich Lot die ganze Jordangegend aus. Lot brach nach Osten auf und sie trennten sich voneinander. ¹² Abram ließ sich in Kanaan nieder, während Lot sich in den Städten jener Gegend niederließ und seine Zelte bis Sodom hin aufschlug.*
(1. Mose 13,1-12a)

(Abram und Lot sitzend, Hur kommt dazu)
Hur: Abram, Abram! – Oh, Lot, sei gegrüßt. Du bist auch grad hier?
Lot: Ja, Hur. Auch dir der Gruß: Friede sei mit dir!
Abram: Ja, Friede sei mit dir, Hur, du tapferer Oberhirte. Was bringst du Neues von den Herden?
Hur: Keine Friedensnachrichten. Es gibt schon wieder Streit. Lots Hirten benehmen sich unverschämt, das muss ich schon sagen.
Lot: Wieso das denn? Was ist denn passiert?
Hur: Deine Hirten haben uns heute vom Brunnen bei Ziklag verjagt und ihn fast leer getrunken. Dass das Blöken unserer durstigen Ziegen nicht bis hierher zu hören war!
Abram: Bitte bleib ruhig! Erzähl mal der Reihe nach.
Hur: Also, es war eigentlich ein guter und ruhiger Tag heute. Die Weidegruppe von Manasse war recht früh am Brunnen unterhalb von Ziklag – da war sonst noch kein Mensch. Damit das Wasser reicht, waren die anderen Gruppen nach Eglon, Debir und ins lange Tal gezogen. Dann kamen plötzlich Lots Hirten dazu, aber zwei Weidegruppen gleichzeitig. Sie meinten, das sei ihr Brunnen. Sie drängten sich einfach vor, und sie waren mehr als die Hirten um Manasse. Es kam zu Rangeleien, und Manasse wurde in den Staub gestoßen. Er fiel auf seine Hand, die arg verstaucht ist.
Abram: Aber nichts gebrochen?
Hur: Zum Glück nicht. Aber unseren Hirten reichte es natürlich. Sie mussten warten, und die Tränke reichte nicht ganz, das Wasser musste erst wieder nachsickern.
Abram: Ist denn da nicht weniger als 30 Steinwürfe weit weg bei Ziklag ein Brunnen mit ständig fließendem Wasser?

Lot: Das weißt du nicht? Der wird von der Stadt beansprucht, da stehen ständig Soldaten. Da muss man hohe Abgaben zahlen, so reich sind wir doch nicht.

Hur: Wir waren jedenfalls zuerst da. Es ist eine Unverschämtheit.

Lot: Wir haben doch den Brunnen im letzten Jahr erst gegraben. Der Ziklag-Brunnen gehört wirklich uns!

Abram: Lieber Neffe, wir benutzen doch alle Brunnen hier gemeinsam. Es war doch immer so: Wer zuerst kommt, schöpft zuerst!

Hur: Ja, und das heute war eine Unverschämtheit. Abram, gib Befehl, dass wir unsere nächsten drei Gruppen zusammenholen. Dann verjagen wir sie einfach, wir sind ja mehr als sie.

Lot: Das ist ja noch schöner. Wo sollen wir denn hin? Haben wir kein Lebensrecht? Aber wir könnten uns wohl zur Wehr setzen!

Abram: Ich will keinen Krieg mit dir. Schließlich bist du mein Neffe. Gewalt bringt nur Tod und Schrecken!

Hur: Aber so geht es wirklich nicht weiter. Es gibt keine Alternative! Das Land hier reicht nicht für uns alle. Ein paar werden so oder so dran glauben müssen …

Lot: Denkst du daran, dass unter unseren Hirten die drei besten Bogenschützen des Landes sind?

Hur: Weißt du, dass wir sehr gute Beziehungen zum Kanaaniterkönig Abimelech von Gerar haben, der mit seinen Streitwagen unbesiegbar ist?

Lot: Merkst du eigentlich nicht, dass dein Herr dich bei deinen Plänen nicht unterstützt?

Hur: Ihr seid doch alle nur Angsthasen!

Lot: *(Steht auf)* Sag das noch mal!

Hur hebt die Hand

Sara *(mit Brot in der Hand):* Halt! Hier gibt es keine Handgreiflichkeiten heute Abend. Ihr seid unsere Gäste. Jetzt setzt euch hin und teilt das Brot miteinander. Dann überlegt in Ruhe, wie ihr euch einigen könnt! Wenn ihr eine Lösung gefunden habt, könnt ihr das beim Lammbraten besiegeln!

Abram: *(zu Lot)* Sara hat recht. Hier, nimm und iss. *(bricht ihm ein*

Stück ab; zu Hur:) Und du kannst den Rest haben für dich und die Hirten. Hab vielen Dank für die Information, und sag den anderen meine Segensgrüße!
(nachdem Hur gegangen ist) Jetzt erklär noch mal: geht es nur um diesen Brunnen, oder wo ist das Problem?

Lot: Das letzte Jahr war für uns beide ein gutes Jahr: viele Lämmer, neue Leute, nur zu wenig Platz, zu wenig Wasser. Kleine Streitigkeiten eskalieren immer mehr.

Abram: Weil alle Angst haben und gereizt sind!

Lot: Ja, wie zum Beispiel heute am Ziklag-Brunnen, wie du gehört hast.

Abram: Da nützt es nur eine kurze Zeit, wenn wir unsere Leute zum Frieden verdonnern wollen. Lot, das Land ist groß genug. Vielleicht sollten wir uns trennen. Wir haben in den letzten Jahren die Jordanebene doch nur selten besucht. Und im Bergland im Westen gibt es auch noch Weideplätze und Brunnen!

Lot: Meinst du?

Abram: Ja. Und du kannst auch wählen, welches Land du für dich haben willst. Willst du zur Linken, so will ich zur Rechten, oder willst du zur Rechten, so will ich zur Linken.

Lot: Vorher möchte ich vom Berg aus noch einmal über das Land schauen.

Abram: Dann lass uns dort hingehen. Beim Abendessen bist du dann unser Gast!

(Geht zu Sara) Danke, Sara, du bist im rechten Moment gekommen. Denn beinahe hätte ich mich auch an der Raserei beteiligt. Aber es bleibt Friede. Lass uns den heute Abend feiern!

Gebet

Lebendiger Gott, du stiftest Gemeinschaft unter uns, du schenkst uns Liebe und Frieden in deinem Sohn Jesus Christus. Wir kommen zu dir und bitten dich gemeinsam:
Gott, schenk uns deinen Frieden.
Gott, bewahre uns davor, dass wir uns an die Gewalt gewöhnen, an die Gewalt in der Sprache, im Fernsehen, im Kinderzimmer, im Verkehr, in der Schule. Schenke uns Verstand und Phantasie, damit wir Schritte zueinander und Schritte der Gewaltfreiheit finden. Darum bitten wir dich:
Gott, schenk uns deinen Frieden.
Gott, wir bitten dich für alle Menschen, die von Misstrauen gegeneinander und gegen die Menschen anderer Völker und Kulturen bestimmt sind. Lass sie das Gemeinsame und Verbindende untereinander erkennen. Hilf ihnen, neu Vertrauen zu fassen. Darum bitten wir dich:
Gott, schenk uns deinen Frieden.
Gott, wir bitten dich für alle, die nahe daran sind, zu resignieren, weil unsere Welt auseinanderfällt in Mächtige und Ohnmächtige, Satte und Hungernde, Gleichgültige und Leidende. Gib ihnen neuen Mut, und lass uns alle die Hoffnungspflänzchen des Friedens erkennen, die du unter uns wachsen lässt. Darum bitten wir dich:
Gott, schenk uns deinen Frieden.

Theodor Ziegler

Abraham und Lot

(1. Mose 13,5-12)

Ein Lied

– 1 –

Abraham und Lot,
die hatten große Not,
denn ihre Hirten stritten sich
und schlugen sich ganz fürchterlich.
Um Wasserquell und Weideland
war ein großer Streit entbrannt.
Es ging halt um die Wurst,
denn Tiere haben Durst.

Normalerweise läuft's nun so:
Der Stärkre zeigt dem Schwächren, wo
dieser sich hat hinzutrollen,
ohne Murren, ohne Grollen.
Doch, so 'ne Lösung ist nicht gut,
weil sie Einem Unrecht tut,
dieser dann auf Rache sinnt
und der Streit von vorn beginnt.

- 2 -

Abraham, ein kluger Mann,
fing die Sach' ganz anders an.
Er lud seinen Neffen Lot
ein zu Milch und Fladenbrot.
„Lass uns bei Quell und Weidegründen
brüderlich 'ne Reglung finden,
die jeder akzeptieren kann",
sprach er zu dem jungen Mann.

Und dann hob er seine Hand,
zeigte ihm das ganze Land,
ließ dem Jüngren freie Wahl,
ob Gebirge oder Tal:
„Möchtest du zur Linken geh'n,
werde ich nach rechts mich dreh'n.
Ist dir doch die Rechte lieber,
gehe ich nach links hinüber."

- 3 -

Und so war für Lot ganz klar,
dass sein Onkel ehrlich war.
Er konnt' Abraham fest vertrauen,
von ihm nicht übers Ohr gehauen
oder reingelegt zu sein
mit irgend einem falschen Schein.
Deshalb wählte er ganz frei,
dass das Jordantal sein sei.

Und sie trennten sich wie Brüder,
jeder war des andern Hüter.
Eine Reglung war gefunden,
die den schlimmen Streit gebunden.
So nun möchte ich Euch fragen,
könnt' nicht auch in unseren Tagen
bei so manchen Händelei'n
Abrahams Weg die Lösung sein:

Und dann hob er seine Hand,
zeigte ihm das ganze Land,
ließ dem Jüngren freie Wahl,
ob Gebirge oder Tal:
„Möchtest du zur Linken geh'n,
werde ich nach rechts mich dreh'n.
Ist dir doch die Rechte lieber,
gehe ich nach links hinüber."

Natascha Freundel

Die Bindung Isaaks
oder:
„Judentum ist Ungehorsam"

(1. Mose 22,1-13)

Gespräch mit dem israelischen Philosophen Omri Boehm über die Bindung Isaaks und Widerstand als religiöse Tugend

¹ Gott stellte Abraham auf die Probe. Er sprach zu ihm: Abraham! Er antwortete: Hier bin ich. ² Gott sprach: Nimm deinen Sohn, deinen einzigen, den du liebst, Isaak, geh in das Land Morija, und bring ihn dort auf einem der Berge, den ich dir nenne, als Brandopfer dar. ³ Frühmorgens stand Abraham auf, sattelte seinen Esel, holte seine beiden Jungknechte und seinen Sohn Isaak, spaltete Holz zum Opfer und machte sich auf den Weg zu dem Ort, den ihm Gott genannt hatte. ⁴ Als Abraham am dritten Tag aufblickte, sah er den Ort von weitem. ⁵ Da sagte Abraham zu seinen Jungknechten: Bleibt mit dem Esel hier! Ich will mit dem Knaben hingehen und anbeten; dann kommen wir zu euch zurück. ⁶ Abraham nahm das Holz für das Brandopfer und lud es seinem Sohn Isaak auf. Er selbst nahm das Feuer und das Messer in die Hand. So gingen beide miteinander. ⁷ Nach einer Weile sagte Isaak zu seinem Vater Abraham: Vater! Er antwortete: Ja, mein Sohn! Dann sagte Isaak: Hier ist Feuer und Holz. Wo aber ist das Lamm für das Brandopfer? ⁸ Abraham entgegnete: Gott wird sich das Opferlamm aussuchen, mein Sohn. Und beide gingen miteinander weiter. ⁹ *Als sie an den Ort kamen, den ihm Gott genannt hatte, baute Abraham den Altar, schichtete das Holz auf, fesselte seinen Sohn Isaak und legte ihn auf den Altar, oben auf das Holz.* ¹⁰ *Schon streckte Abraham seine Hand aus und nahm das Messer, um seinen Sohn zu schlachten.* ¹¹ *Da rief ihm der Engel des Herrn vom Himmel her zu: Abraham, Abraham! Er antwortete: Hier bin ich.* ¹² *Jener sprach: Streck deine Hand nicht gegen den Knaben aus, und tu ihm nichts zuleide! Denn jetzt weiß ich, dass du Gott fürchtest; du hast mir deinen einzigen Sohn nicht vorenthalten.* ¹³ *Als Abraham aufschaute, sah er: Ein Widder hatte sich hinter ihm mit seinen Hörnern im Gestrüpp verfangen. Abraham ging hin, nahm den Widder und brachte ihn statt seines Sohnes als Brandopfer dar.* (1. Mose 22,1-13)

Freundel: Herr Boehm, im ersten Buch Mose, Kapitel 22, fordert Gott Abraham auf, seinen Sohn Isaak zu opfern. Als Abraham schon das Messer über Isaak hält, wird er von dem »Engel des Herrn« aufgehalten. Sie haben diese Passage uminterpretiert, aus einer Geschichte über religiösen Gehorsam in eine über Ungehorsam. Warum?

Boehm: Üblicherweise wird angenommen, dass diese Geschichte ein Lehrstück über absoluten Gehorsam ist. Die Frage, die dort gestellt wird, lautet in dieser Lesart: Muss der Gläubige alles befolgen, was Gott ihm befiehlt, ungeachtet des ethischen Gehalts des Gebots? Und die Antwort ist: Ja. Abraham tat, religiös gesehen, das Richtige, als er Gottes offenkundig unzulässigen Befehl befolgte, auch wenn dies unethisch war. Ich versuche nun, zu zeigen, dass zwei Verse dieser biblischen Geschichte in Wirklichkeit nachträgliche Hinzufügungen zum Originaltext sind. Es handelt sich um die Verse 11 und 12, in denen der Engel des Herrn Abraham im letzten Moment davon abhält, seinen Sohn zu töten. Wenn man diese Verse wieder herausnimmt, bekommt man eine in sich geschlossene, aber völlig andere Geschichte.

Freundel: Erzählen Sie!

Boehm: Ich zitiere mal den Text der Tora: „Und sie kamen an den Ort, den ihm Gott genannt hatte, dort baute Abraham den Altar und schichtete das Holz auf und band seinen Sohn Isaak und legte ihn auf den Altar oben auf das Holz. Und Abraham streckte seine Hand aus und nahm das Messer, um seinen Sohn zu schlachten." An dieser Stelle erscheint der Engel und greift ein. Wenn wir aber diese Passage weglassen, geht es im Text so weiter: „Da hob Abraham seine Augen auf und sah: Da war ein Widder, der im Gebüsch mit seinen Hörnern sich verfing. Da ging Abraham hin und nahm den Widder und brachte ihn zum Opfer dar statt seines Sohnes." Abraham entscheidet selbst und auf eigene Verantwortung – ohne das Eingreifen des Engels –, Gottes Weisung nicht zu befolgen.

Freundel: Was folgern Sie daraus?

Boehm: Ich behaupte, dass genau das der Grund war, die Passage mit dem Engel nachträglich einzufügen, um eine theologische Botschaft des Ungehorsams in ihr Gegenteil zu verkehren. Liest man jedoch die Geschichte so, wie ich es tue, und schaut dann in andere Passagen der Tora, findet man auch dort einen ungehorsamen Abraham. Etwa in Mose 1 Kapitel 18, der Geschichte von Sodom und Gomorra. Gott sagt Abraham dort, dass er ganz Sodom und Gomorra zerstören wird. Und Abraham tritt an Gott heran und spricht: „Willst du gar den Gerechten mit dem Frevler hinraffen? (…) Schmach sei das dir! Sollte der Richter aller Erde nicht Recht üben?" Kann derselbe Abraham, der Gott so widerspricht, einige Kapitel später wortlos seinen Sohn auf dem Altar zum Opfer binden? Ich behaupte, nein.

Freundel: Nun taucht der Engel noch ein zweites Mal auf, in Vers 15 bis 19, und lobt im Auftrag Gottes Abraham, weil er bereit war, dem ursprünglichen Opferbefehl zu folgen, und segnet ihn und seine Nachkommen. Fällt diese Passage in Ihrer Lesart auch weg?

Boehm: Ja, und meine Argumentation wird dadurch noch verstärkt. Alle Bibelforscher sind sich einig, dass diese Passage eine nachträgliche Einfügung ist. Schon philologisch ergibt sich das. Es handelt sich, wie ein Wissenschaftler sagte, um einen sprachlich unbeholfenen Zusatz zu einem ansonsten schön geschriebenen Text. Was ich jetzt sage, ist, dass dieselben philologischen Gründe dafür sprechen, dass auch das erste Eingreifen des Engels eine nachträgliche Einfügung ist. Beide Textstellen gehören zusammen. Die eine wurde eingefügt, um den Kern der Geschichte von Ungehorsam zu Gehorsam zu wenden, die andere anschließend eingefügt, um diesen Gehorsam zu segnen.

Freundel: Es geht Ihnen nicht nur um Theologie. Sie haben in der israelischen Tageszeitung Haaretz Ihre Interpretation der Opferung auf die gegenwärtige israelische Politik bezogen. Was war dabei Ihre Stoßrichtung?

Boehm: Eigentlich habe ich dort versucht, zu interpretieren, was Maimonides zu dieser biblischen Erzählung geschrieben hat. Maimonides, der vielleicht bedeutendste jüdische Philosoph aller Zeiten, versteht das biblische Wort für Gott, „Elohim", nicht als Begriff der Göttlichkeit, sondern der Staatlichkeit. Er unterscheidet zwischen dem Gottesbegriff Elohim und dem Begriff Jahwes, des Herrn.

Freundel: Abraham erhält also die Weisung, Isaak zu opfern, zuerst von Gott, bevor der Engel Jahwes auftaucht, der die Opferung stoppt.

Boehm: Genau. Maimonides sagt, dass Abraham in der Opferung Isaaks das Höchstmaß an Prophetie demonstriert. Ich habe mich gefragt, was er damit gemeint haben könnte. Ich verstehe ihn so: Während Gott, den Maimonides im Grunde als staatliche Autorität begreift, die Opferung Isaaks befiehlt, fordert Jahwe, diese Opferung zu unterlassen. Abrahams Fähigkeit, Jahwes Engel zu erkennen und seiner Autorität zu folgen, statt der Gottes und des Staates, die Fähigkeit außerhalb staatlicher Strukturen zu denken, war seine größte prophetische Leistung. Und dieses prophetische Modell, sage ich, ist auch das Modell des jüdischen Glaubens. Israel definiert sich als im Wesen jüdischer Staat. Wer sich als Jude in einem jüdischen Staat begreift, dessen Verhältnis zu diesem Staat muss eines des jüdischen Ungehorsams sein.

Omri Boehm, geb. 1979, israelischer Philosoph, lehrt an der New School for Social Research in New York, hat in München und Berlin geforscht und schreibt über israelische Politik in Haaretz, Die Zeit und in der New York Times.

Abdruck mit freundlicher Genehmigung von Omri Boehm und der Wochenzeitung Jüdische Allgemeine.

Christoph Münchow

Jakob und Laban
oder:
Gedenkstein Friedensstein

Beobachtungen mit der Jakobsgeschichte in 1. Mose 31

Steine können im Weg liegen, das Weitergehen versperren. Steine können erinnern und zum Himmel schreien. Steine können von Zerstörung erzählen. Sie können auch bezeugen, wie Frieden wurde. So ist innerhalb der Erzählungen von Jakob (1. Mose 25,26-49,33) zu erinnern an eine lange Geschichte, die sich über zwanzig Jahre hinzieht. Wir lesen sie als Teil der biblischen Überlieferung der Vätergeschichten und Müttergeschichten von Abraham, Isaak und Jakob sowie Sarah, Rebekka, Rahel und Lea und den anderen Frauen.

Es ist zunächst von Jakob zu erzählen, dem zweitgeborenen Sohn Isaaks. Esau ist der Erstgeborene. Mit einem Linsengericht, der Leibspeise des Bruders, und unter kräftiger Mithilfe seiner Mutter Rebekka ergaunert sich Jakob mit List den besonderen Segen des Vaters für den Erstgeborenen. Vor dem Zorn des betrogenen und seiner Vorrechte beraubten Bruders, der ihn umbringen will, flieht Jakob zu Laban, dem Bruder der Mutter in Haran in Nordwest-Mesopotamien am Euphratufer, wie die Mutter rät. Dort angekommen begegnet er am Brunnen, wie sich herausstellt, den Hirten seines Onkels und einer wunderschönen jungen Frau. Es ist Rahel, die jüngere Tochter seines Onkels. Jakob tritt in Labans Dienst ein und erbittet als Lohn dessen jüngere Tochter Rahel zur Frau. Er ist bereit, dafür bei seinem Onkel zu schuften. Nach sieben Jahren wähnt er sich am Ziel. Aber nach der Hochzeitsnacht muss er entdecken, dass man ihm Lea, die ältere Tochter zur Frau gegeben hatte, von der es in der Bibel heißt, dass sie matte Augen hatte, sich also an Schönheit mit Rahel nicht messen konnte. Es sei der Brauch, so rechtfertigt sich Laban, dass die jüngere Tochter nicht vor der älteren verheiratet wird. Das ist Sippenrecht. Als Vorschlag zur Güte verspricht der frischgebackene Schwiegervater seinem Schwiegersohn auch die jüngere Tochter Rahel, wenn er ihm weitere sieben Jahre diene.

Das tut Jakob. Seine Familie wächst durch die Kinder, die ihm Lea und die Mägde gebären, da Rahel zunächst unfruchtbar bleibt. Als endlich Rahel als Jakobs elftes Kind Joseph zur Welt bringt, wächst für Jakob auch die Sehnsucht nach der Heimat. Die familiäre Eintracht und das Verhältnis zu Laban, zu dessen Söhnen und Leuten sind nicht mehr wie früher. Jakob möchte seine Frauen und deren Sklavinnen, seine Söhne und Töchter und seine Viehherden mitnehmen, denn durch geschickte Zucht war er überaus reich geworden an vielen Tieren. Laban sieht die Herden Jakobs allerdings als sein Eigentum an. Als Laban zu Festlichkeiten zur Schafschur auswärts ist, flieht Jakob heimlich. Die Heimat Kanaan ist sein Ziel.

Drei Tage später setzt ihm Laban mit seinen Söhnen und seinen Leuten nach, sieben Tagereisen weit bis zum Gebirge Gilead im Ostjordanland. Er mag sich mit der Entführung seiner Töchter und der Viehherden nicht abfinden. Dort wo Jakob seine Zelte aufgebaut hatte, baute auch Laban seine Zelte auf. Die Situation ist brenzlig. Die Luft brennt. Wer orientalische Heißblütigkeit kennt, kann sich vorstellen, dass es kein gemütliches Familientreffen werden wird.

Der Konflikt zwischen beiden liegt auf der Hand. Er geht tief, denn es geht um Besitz, um Familienrecht und Sippenrecht. Doch Laban schlägt vor: Komm und lass uns einen Vertrag machen, ich und du (V. 44). Der Konflikt wird gelöst, friedlich.

Was und wie von dieser friedlichen Konfliktlösung erzählt wird, ist eingehender Betrachtung wert. Wer genau hinschaut, entdeckt Widersprüchlichkeiten, die von Auslegern dieses 31. Kapitels des 1. Buchs Moses akribisch analysiert, auf Ursachen befragt und dann unterschiedlichen Überlieferungssträngen zugeordnet werden.[1] Wir müssen dem nicht im Einzelnen nachgehen. Offensichtlich war jedoch diese Erzählung so geschätzt, dass sich unterschiedliche Überlieferungen anlagerten, die miteinander als überlieferungswürdig befunden wurden.

Die Ungereimtheiten zeigen sich offen: Anfangs wird davon berichtet, dass ein Steinhaufen errichtet wird als Zeuge für den Vertrag und um dort ein Festmahl aus diesem Anlass zu halten (V. 46). Für diesen Steinhaufen finden sich auch unterschiedliche Namen (V. 47). Dann wird erzählt, dass zusätzlich zu dem Steinhaufen ein Denkstein, eine Massebe, errichtet wird – und abschließend erzählt man von einem Opfermahl auf dem Berg (V. 54). Dazu gibt es Unterschiede beim Inhalt des Vertrages zwischen Laban und Jakob. Es scheint so, dass der Wunsch, die Geschichte einer friedlichen Konfliktlösung als Teil der Geschichte der Erzeltern Israels zu erzählen, das Zusammenwachsen unterschiedlicher Überlieferungsstränge begünstigte. Aber nun im Einzelnen:

Die friedliche Konfliktlösung wird dokumentiert durch einen Vertragsschluss mit zwei unterschiedlich charakterisierten Vertragsinhalten. Zunächst wird ein familienrechtlicher und somit sippenrechtlicher Vertrag innerhalb der „Familiengeschichte" der Erzeltern geschlossen. Laban regelt die Versorgung seiner Töchter und deren Söhne durch Jakob so, dass dieser sie nicht schlecht behandelt oder deren Status mindert, indem er andere Frauen

---

1 Vgl. Gerhard von Rad, Das Alte Testament Deutsch, 11. Aufl. Göttingen 1981; Claus Westermann, Genesis, Teilband 2, Genesis 12-36 (BKAT 1/2), Göttingen 1981; Hans Jochen Boecker, 1. Mose 25, 25-37,1, Isaak und Jakob, Zürich 1992; Horst Seebass, Genesis II, Vätergeschichte II (23,1-36, 43), Neukirchen 1999.

hinzunimmt (V. 50 bzw. 43). Der Hintergrund dafür ist ein im alten Orient beheimatetes Eheverständnis, demzufolge die Frau weiter der Sippe ihres Vaters angehört und deren Kinder der Verwandtschaftsgruppe der Frau zugezählt werden.[2]

Zu dieser in die Geschichte der Erzväter und Erzmütter sich nahtlos fügenden Begebenheit tritt ein Grenzvertrag über die Abgrenzung von Gebieten, die von Aramäern und Israeliten bewohnt werden, also eine „völkerrechtliche" und somit politische Abmachung. Sie hat den Charakter eines Nichtangriffspaktes, demzufolge beide Seiten diese Grenze nicht in böser Absicht überschreiten sollen (V. 52). Das ist nicht mehr und nicht weniger als eine Begründung der Grenzen Israels zum Aramäerreich im Norden bzw. Nordosten.[3] Beide Verträge sollen künftig gelten, auch wenn beide Kontrahenten nicht mehr in Sichtweite sind oder keinen Kontakt mehr miteinander haben.

Zur Sicherung des familienrechtlichen Vertrages dienen der Denkstein, die Massebe, und der Steinhaufen (V. 46). Jakob nennt den Steinhaufen „Gal'ed" und Laban „Jegar Sahadata" (als die aramäische Übersetzung von „Gal'ed", also „Zeugnishügel" bzw. „der Steinhaufe ist Zeuge", V. 47). Der nächste Vers nennt als Namen der Stätte (vermutlich aus einer anderen Überlieferungsquelle) ebenfalls „Gal'ed" und als eine Hinzufügung „Mizpa" („Wache"), die sogleich gedeutet wird: „Gott möge Wächter sein zwischen uns beiden ... Gott ist Zeuge zwischen mir und dir!" (V. 48 ff.) Für den Zeugnis- und Denkstein haben Jakob und Laban also je eigene Benennungen.

Auch für den Grenzvertrag gelten der Steinhaufen und die Massebe als Zeuge und Erinnerungsmal (V. 52). Trotz unterschiedlicher Benennungen und Gestalt geht es um eine materialisierte

---

2 Die sog. Beena-Ehe, vgl. Christoph Recker, Die Erzählung vom Patriarchen Jakob – ein Beitrag zur mehrperspektivischen Bibelauslegung, Münster 2000, S. 326.
3 Manche Ausleger sehen den Grenzvertrag als spätere, andere als eine sehr alte Tradition an. Die Bezeichnung Gilead als Name des durch den Jabbok zweigeteilten Ostjordanlandes bzw. als ursprünglicher Name einer Ortschaft (Richter 10,17f. u. ö.) wird volksetymologisch gedeutet als „Stein des Zeugnisses".

Bezeugung und Bestätigung einer friedlichen Übereinkunft. Der Steinhaufe und der Denkstein, die Massebe, sind bestätigende irdische Zeichen und sozusagen Materialisierungen der Verträge, an die für alle Zeiten gemahnt werden soll. Sie sind eine bleibende „Erinnerungspotenz" für die gefundene friedliche Konfliktlösung.

Neben den materialisierten Erinnerungszeichen wird zur Sicherung der Übereinkunft die besondere göttliche Autorität bemüht, wie dieses schon an der interpretierenden Deutung des Namens „Mizpa" zu erkennen ist: „Gott möge sein Wächter zwischen Dir und mir" (V. 48). Eine höhere, unbedingte Instanz soll über die Verträge wachen und sie garantieren, jeweils der Gott ihrer Väter. Jeder der Vertragspartner bindet sich durch den Schwur bei seinem Gott. Für Laban ist dies der Gott Nahors, für Jakob der Gott Abrahams. Diesen Schwur vollzieht Jakob „beim Schrecken seines Vaters Isaak" (V. 53) und nutzt dazu eine alte Gottesbezeichnung, die sich möglicherweise auf das Erschauern beim Innewerden der Offenbarung und der Macht des Gottes zurückgeht.[4]

Beide Vertragspartner akzeptieren diese Verpflichtung bei der höchsten Autorität der anderen Seite als verbindlich und lassen sie gelten. Es ist nicht die Anerkenntnis des je anderen Gottes durch die vertragsschließenden Seiten erforderlich, sondern die für beide geltende Gewissheit, dass der andere sich bei seiner höchsten Autorität verbindlich verpflichtet. Es ist unstrittig, dass auch der andere in seinem Handeln sich einer absoluten und verpflichtenden Autorität unterstellt.

Wie geht die Geschichte weiter? Nach diesem Vertragsabschluss kann Jakob durch das Wadi des Grenzflusses Jabbok, 40 km nördlich vom Toten Meer, in das Gebiet seiner Väter mit seiner Sippe als Gesegneter einziehen (Kap. 32, 1 ff., 23 ff.).

---

4 Claus Westermann übersetzt: „Und Jakob schwur bei dem Schutz seines Vaters Isaaks", a.a.O. S. 596.

Es ist lohnend, sich dieser alten Geschichte in 1. Mose 31 zu stellen. Aus ihr sprechen tiefe Erfahrung und Weisheit. So ist bis heute bedenkenswert, welche Kraft die Bindung von zwei vertragsschließenden Parteien an eine gemeinsame oder ihre je eigene höchste Autorität haben kann. Die Präambeln von Verfassungen, Staatsverträge oder auch das Grundgesetz der Bundesrepublik kennen Verweise auf unbedingte Autoritäten, auch auf allgemein anerkannte Dokumente der Vereinten Nationen. Solche Gemeinsamkeiten geben Verträgen ein Fundament. Wenn Gemeinsames nicht gefunden werden kann, dann wird die Suche nach dem Gemeinsamen oder die Akzeptanz der Bindekraft unbedingter Verpflichtung für sich selbst und für die andere Seite vertragsbekräftigend und friedensdienlich. Das kann hier nur angedeutet werden, der knappe Hinweis muss genügen.

Eine andere Beobachtung: Der Vertrag wird nicht schriftlich besiegelt, sondern es gilt das gesprochene Wort und dazu wird ein Erinnerungszeichen aufgerichtet. Und dieses scheint in der Überlieferung von diesem Geschehen so wichtig geworden zu sein, dass von diesem Ereignis, der Errichtung des Steinhaufens und der Massebe, ausführlich und differierend berichtet wird. Am Anfang der Bibel folgen auf die Ouvertüre der Schöpfungstraditionen die Geschichten der Erzväter und Erzmütter. Sie eröffnen den Gang der Geschichte Israels mit der Segensverheißung an Abraham. Diese markiert das Vorzeichen für alle folgenden Wege und Irrwege und gibt den Auftakt für die Geschichte der Stammmütter und Stammväter der verschiedenen Stämme, aus denen dann das Volk Israel entsteht.

Es ist bedeutsam, dass schon am Beginn dieser Geschichtsdarstellung aus alttestamentlicher Sicht die Erfahrung festgehalten ist, dass bei Konflikten friedliche Lösungen möglich sind. So kann der von mancherlei Gefährdungen bedrohte Geschichtsverlauf als eine Segensgeschichte weitergehen. Das steht am Anfang, obwohl dann im weiteren Verlauf zuhauf von Kriegen und Gewalt die Rede ist. Eine solche friedliche Konfliktlösung entspricht dem Willen Gottes. Das erweist auch die Erwähnung des Traumes, der Laban in seinem

Zorn zügeln soll (V. 24). Als Grundeinsicht darf gelten: Verträge sind möglich. Sie dienen der Wahrung des Friedens. Das vertragliche Übereinkommen, von dem 1. Mose 31 berichtet, macht den Weg frei für eine weitergehende Segensgeschichte. Daran soll erinnert werden.

Aus dieser alten Erzählung wird für uns heutige Menschen ablesbar, dass Erinnerungskultur ein integraler Bestandteil einer Kultur des Friedens ist und sein muss. Unsere Zeit ist eher von einer Erinnerungskultur geprägt, die sich an Kriegen und Schlachten orientiert. Zu nennen sind beispielsweise das Völkerschlachtdenkmal in Leipzig, die Denkmäler bei Königgrätz (Hradec Kralove) und Austerlitz (Slavkov), nicht zu übersehen die Kriegerdenkmäler zu den Kriegen von 1870/71 und zu den beiden Weltkriegen.

Geringer an Zahl und Bekanntheit sind Erinnerungsorte und Denkmäler für Friedensschlüsse und Friedensverträge. Im Pfarrhaus zu Radebeul-Kötzschenbroda, zwischen Dresden und Meißen gelegen, wurde am 27. August 1645 ein Waffenstillstandsvertrag zwischen Schweden und Kursachsen geschlossen, der später verlängert und eine Voraussetzung des Westfälischen Friedens wurde. In der nunmehr Friedenskirche genannten Kirche steht ein Tisch, auf dem der Überlieferung nach der Vertrag unterzeichnet worden sein soll. Gelegentlich wird um diesen Tisch auch das Abendmahl gefeiert. Auf der anderen Elbseite, in der Ortschaft Cossebaude, wurde zur Erinnerung an die hier geführten Vorverhandlungen zum Friedensvertrag von Kötzschenbroda ein bis heute erhaltener Friedensstein errichtet. Der Name eines Hotels erinnert diejenigen daran, die von diesem Friedensstein nichts wissen. In Amöneburg, unweit von Marburg, steht ein Friedensstein zur Erinnerung an eine blutige Schlacht während des Siebenjährigen Krieges im September 1762. Danach kam es zu einem Friedensschluss und die verfeindeten Militärs errichteten gemeinsam den Friedensstein. Unterhalb des Schlosses in Waldeck in Hessen wurde unterhalb des Schlosses ein Friedensstein zur Erinnerung an den deutsch-französischen

Friedensschluss vom 18. Juni 1871 errichtet – eine zeitübergreifende Erinnerung an dieses Ereignis und dessen Langzeitfolgen. Es wäre eine schöne Aufgabe, für Deutschland, für Europa oder weltweit eine Karte der Friedenssteine anzufertigen.

Nicht nur vergangene, auch gegenwärtige Geschichte veranschaulichen die Friedenssteine, die zum Frieden mahnen. Auch sie haben ihre Geschichte. In Kühlungsborn an der Ostsee wurde 1908 ein über drei Meter hoher Findling mit der Inschrift „Bismarck" geweiht. Nach dem Zweiten Weltkrieg entfernte man die Inschrift. Seit 1952 heißt der monumentale Findling „Friedensstein". Bei Murrhardt in Baden-Württemberg erinnert seit den 90er Jahren des vorigen Jahrhunderts ein Friedensstein an die frühere Stationierung von Pershing II-Raketen mit Atomsprengköpfen in diesem Gebiet. Nordöstlich von Berlin entstand in der Nähe des Gransower Sees der Skulpturenpark „Steine ohne Grenzen" als Ergebnis von Steinbildhauersymposien in den Jahren 2001 bis 2007. Dafür schuf der in Litauen geborene Bildhauer Alfridas Pajoudis unter Verwendung eines Granitfindlings eine eindrucksvolle Skulptur „Friedensstein". Im Oktober 2012 wurde in Bensheim-Hochstädten der Jerusalem-Friedensstein als Mahnmal für den Frieden eingeweiht.

Wer sich auf die Suche macht, wird mit Sicherheit mehr solcher Friedenssteine entdecken, die als Friedenszeugnis und Mahnung zur nichtmilitärischen Lösung von Konflikten stehen. Es ist eine lohnende Aufgabe, Friedenssteine nicht nur zu entdecken, sondern auch zu errichten – oder durch eigenes Friedenshandeln dazu beizutragen, dass Friedenssteine errichtet werden können.

Stefan Silber

Jakob und Esau
oder:
Brüderlichkeit

(1. Mose 32-33)

„Ich habe dein Angesicht gesehen, wie man das Angesicht Gottes sieht."
(1. Mose 33,10)

Die Geschichte von Jakob und seinem Bruder Esau ist eine Geschichte von Betrug, Gewalt, Flucht und schließlich Versöhnung. Nachdem Jakob mit seinen beiden Frauen Lea und Rahel sowie seinen Nebenfrauen Bilha und Silpa bereits eine stattliche Familie gegründet hat, beschließt er, zu seinem Bruder Esau zurückzukehren, den er um das Erstgeburtsrecht und den Segen seines Vaters Isaak betrogen hatte. Es ist recht unterhaltsam, in 1. Mose 32 die Strategie Jakobs mitzuverfolgen, seinem Bruder Geschenk um Geschenk zukommen zu lassen, ihn zuerst mit seinen Herden, dann seinen Frauen und Kindern (die Nebenfrauen zuerst) zu konfrontieren, und ihm erst zuletzt gegenüberzutreten, in der Hoffnung, dass Esau bis dahin beschwichtigt wäre.

In der Nacht begegnet ihm jedoch eine finstere, unheimliche Gestalt und ringt mit ihm. Ist es ein Dämon oder ein Gespenst? Ist es sein innerer Schweinehund, sein Schatten, seine Angst? Ist es Gott selbst, der ihm entgegentritt und ihm Auge in Auge begegnet? Die Auslegerinnen und Ausleger haben über die Jahrhunderte sehr unterschiedliche Gedanken mit dieser Episode (1. Mose 32,25-33) verbunden.

Dann aber muss Jakob sich seinem Bruder stellen und wirft sich siebenmal zur Erde nieder. Esau hingegen läuft auf seinen Bruder zu und umarmt ihn. Nachdem sie in recht orientalisch anmutender Weise darum gefeilscht haben, ob Esau die Geschenke nun annehmen muss oder nicht, spricht Jakob diesen erstaunlichen Satz, der so viel über das Wesen der Versöhnung aussagt: „Ich habe dein Angesicht gesehen, wie man das Angesicht Gottes sieht, und du bist mir wohlwollend begegnet."

Das Angesicht Gottes kann niemand sehen, in der ganzen Bibel nicht. Aber wer sich mit seinem Bruder versöhnt, wer seinem Feind entgegengeht und in ihm den Bruder sehen will, wer sich diesem Feind in die Hand gibt und darauf vertraut, dass er ihn nur so wieder zu seinem Bruder machen kann, der kann das Angesicht Gottes sehen.

Die internationale katholische Friedensbewegung Pax Christi hat im Jahr 1999 aus der Friedens- und Versöhnungsarbeit in Nahost heraus eine Versöhnungsikone erstellt, in der die Begegnung von Jakob und Esau einen zentralen Platz in der oberen Bildhälfte einnimmt. Umgeben von anderen Figuren, die einen je unterschiedlichen Bezug zu den Themen Frieden und Versöhnung einnehmen, begegnen sich die beiden Brüder und umarmen sich.

Die Ikone macht deutlich, dass die beiden Brüder Todfeinde waren, die sich versöhnen, indem sie beide Brüder auf das gezogene Schwert Esaus treten lässt. Die Initiative zur Versöhnung ist von Jakob ausgegangen, der über die im Hintergrund dargestellte Himmelsleiter eine ganz besondere Verbindung „nach oben" besitzt. Esau hat auf diese Initiative in zweifacher Weise geantwortet: Er wirft sein Schwert zu Boden und umarmt seinen Bruder.

Beide sehen in dieser Begegnung das Angesicht Gottes. Für die Betrachter der Ikone zeigt sich das Angesicht Jesu über der Versöhnung der beiden Brüder. Sie „weigern sich, Feinde zu sein", ebenso wie manche Friedensinitiative im Nahen Osten. Die Ikone der Versöhnung fordert uns auf, es beiden gleich zu tun.

Quelle: http://www.paxchristi.net/about-us/pax-christi-international-icon-reconciliation © Pax Christi International, Brüssel

Das Bild ist ein Ausschnitt aus der „Pax Christi International Ikone der Versöhnung". Eine großformatige farbige Abbildung der Ikone findet sich auch unter http://cathedral-brentwood.org/peaceicon.html.

Eine Beschreibung (deutsch) der einzelnen Felder der Ikone steht hier zum Download: http://w3.khg-heim.uni-linz.ac.at/pax/inhalte/pax_christi_ikone.htm.

Christian Joks

Josef und seine Brüder
oder:
Späte Verzeihung

(1. Mose 50,15-21)

Der folgende Text ist aus dem Alten Testament. Hier kommt eine lange Geschichte an ihr Ende. Josef, Lieblingssohn des Stammvaters Israel, von seinen Brüdern beneidet, dann für tot erklärt und in die Sklaverei nach Ägypten verkauft, dieser Josef hat dort sein Glück gemacht, ist aufgestiegen und konnte eine Hungersnot verhindern. Von den Getreidevorräten sind nicht nur die Ägypter satt geworden, auch Josefs Familie wurde aufgenommen, als sie ankamen, weil es kein Wasser mehr gab, die Weideflächen ausgedörrt, das Vieh starb und der Hungertod drohte – und sie wurden mit durchgefüttert. Jetzt aber ist der gemeinsame Vater Israel gestorben. Jetzt, wo die letzte gemeinsame Verbindung, die Liebe zum Vater Israel, ihr Ziel verloren hat, jetzt wo der gemeinsam geliebte Vater gestorben ist: wie wird Josef jetzt seine Brüder behandeln? Das fragen sich diese Brüder selbst und entschließen sich zu einem mutigen ersten Schritt:

15 Als nun die Brüder Josefs erwogen, dass ihr Vater (Jakob) tot war, sprachen sie: „Wenn nur Josef uns nicht gram ist und alles Böse wieder vergelte, was wir ihm angetan haben." 16 Sie ließen dem Josef entbieten: Dein Vater hat vor seinem Tode befohlen: 17 So sollt ihr zu Josef sprechen: Verzeihe lieber doch das Verbrechen deiner Brüder und ihr

Verschulden, dass sie so übel an dir getan! Nun, oh verzeihe doch das Verbrechen der Diener des Gottes deines Vaters. Josef weinte, als man so mit ihm sprach. [18] Hernach gingen auch seine Brüder, fielen vor ihm hin und sprachen: Wir wollen deine Sklaven sein. [19] Josef aber antwortete ihnen. Fürchtet euch nicht. Bin ich denn an Gottes Stelle? [20] Habt ihr auch die Absicht gehabt, mir Böses zu tun, so hat doch Gott die Absicht gehabt, es zum Guten zu lenken, um das auszuführen, was jetzt geschieht: ein großes Volk zu erhalten. [21] So fürchtet euch nicht. Ich will euch verpflegen und eure Kinder. Er tröstete sie und sprach ihnen Mut zu.
(1. Mose 50,15-21 in der Übersetzung nach Moses Mendelssohn, die in jüdischen Reformgemeinden in Gebrauch ist)

Wenn ein Mensch stirbt, gerät der feste Lebensrahmen aller Hinterbliebenen aus den Fugen. Sein Besitz, seine Entscheidungen, die Verurteilungen und die Schutzschirme, die das Netz der ganzen Familie bestimmt haben, sind in Frage gestellt. Jetzt stellt sich denen, die noch am Leben sind, die Frage: Was gilt noch von dem, was unser Vater, was unsere Mutter mal gewollt hat? Das Kind, das besondere Pflege brauchte, jetzt scheint es auf seine Geschwister angewiesen. Das Elternhaus sollte doch bleiben, so wollte es der Verstorbene, aber es kann auch gegen den Willen der Verstorbenen unter den Hammer kommen, weil es nicht anders geht. Das, was die Schwester, den Bruder, mit dem oder der anderen natürlich verband, steht jetzt in Frage.

So auch bei Josef und seinen Brüdern. Er ist von seinen Brüdern misshandelt und verkauft worden, ihretwegen war er Sklave. Sie hatten in ihm den Liebling des Vaters gesehen, der alles bekommt. Dafür haben sie ihn leiden lassen. Vorher war der Vater da, und die Liebe zu ihm hat den mächtig gewordenen Josef an Rache gehindert. Jetzt schützt sie nichts mehr. Wie wird er sich verhalten?

Was verbindet Geschwister? Es heißt: Freunde kann man sich aussuchen, Brüder nicht. Nicht gleiche Interessen und Sympathie machen uns zu Geschwistern, sondern allein der gemeinsame Ursprung, die gemeinsam erlebte Abhängigkeit von den Eltern, der gemeinsame, aber auch gegeneinander ausgefochtene Kampf um Anerkennung, Schutz und Liebe. Das ist keine abgehobene Behauptung, sondern das spiegelt sich in den Geschichten der Bibel wider. Geschwister bekämpfen sich bis zum Tod, kämpfen noch zu Lebzeiten der Eltern um das Erbe, betrügen einander, neiden die Fähigkeiten und das Glück des und der anderen. Das steht so in der Bibel. So ist gerade hier keine romantische Verzückung angebracht, wenn es um Brüder und Schwestern geht. Mein Bruder, meine Schwester: Das kann mein erster Feind sein. Das lehren die Geschichten von Kain und Abel, von Tamar, Amnon und Absalom (alles Kinder von David), von Salomo und Adonia (ebenfalls Davidssöhne): alles tödlich endende Geschwisterkonflikte, die Bibel ist voll davon. Und ich höre diese realistische harte Beschreibung mit, wenn Christen einander mit Bruder und Schwester anreden. Meine Freunde kann ich mir aussuchen, aber nicht, wer zu den Kindern Gottes gehört, nicht meine Geschwister im Glauben. Das kann – zu meinem Leidwesen, der ich doch genau weiß, wie man richtig glaubt und bekennt – das kann allein Gott.

Wenn jemand mein Bruder sein will, ist es manchmal angesagt zusammenzuzucken und wachsam zu sein. Schwestern und Brüder sind nicht nur zärtlich, sondern raufen und tricksen um mehr Anerkennung, mehr Spielzeug, mehr Macht. Gleich sollten sie sein und gleich behandelt werden, und doch sind Verdacht und Vorurteil schnell bei der Hand. Es geht hier um Liebe, und Liebe verteilt sich unter Menschen nicht gerecht und gleich. Dieser sieht mir ähnlicher, dieses Kind ist gefälliger, klüger, macht keine Probleme, macht die meisten Probleme. Auch die Gründe für ungleich verteilte Liebe sind willkürlich, unberechenbar. Und wieder können zig Geschichten beider Testamente dies bezeugen: Dass nicht nach Erbrecht der Älteste alles bekommt, sondern gerade die Jüngsten die meistgeliebten und trickreichsten sind und absahnen.

So haben auch Josefs Brüder gedacht und danach gehandelt. Nicht der Jüngste (Benjamin), sondern in diesem Fall der Zweitjüngste hatte sie alle ausgestochen, bekam mehr und Besseres. Aber Josef hat ihre Rache überlebt, und jetzt sind sie abhängig von seiner Gnade.

Es geht um Leben und Tod. Denn ringsum ist Dürre, die Nomaden aus der Wüste sind zu den Kornkammern Ägyptens geflohen, um zu überleben. Flucht aus Ägypten weg vom Bruder bedeutet den Hungertod. Und indem die Brüder des Hauses Israel mit ihren Familien bleiben, wählen sie das Leben. Der Tod des Vaters aber treibt die Lage auf die Spitze. Können sie selbst ihr nacktes Leben nicht mehr bewahren?

Josefs Geschwister machen hier einen ersten mutigen Schritt. Sie stellen sich der Situation. Sie kriechen zu Kreuze, lassen nach ihm schicken. Eine Botschaft: Denk an den Vater. Dann dessen angeblich letzter Wille, vom Sterbebett: „Verzeihe lieber doch das Verbrechen deiner Brüder und ihr Verschulden, dass sie so übel an dir getan! Nun, oh verzeihe doch das Verbrechen der Diener des Gottes deines Vaters." Ob die Nachricht wirklich von Vater Israel stammt, wissen wir nicht. Der Zusammenhang legt nahe: Auch das ist erfunden, aus Angst vor der Rache des Bruders.

Und die Brüder werfen sich hin, wie vor ihrem Herrn. Ironischerweise bieten sie ihm an, ihnen das anzutun, was sie ihm taten: Lass uns leben, du kannst uns aber zu Sklaven machen, vielleicht haben wir es verdient. Die Allgemeinheit, das Publikum, die Leser und Hörer empfinden jedenfalls so. Mach das. Sag uns: Ihr seid selbst schuld. Sag uns: Ihr habt falsch gehandelt. Stell uns Bedingungen, die uns versklaven und dir Genugtuung verschaffen. Aber gib uns zu essen!

Mutig ist dieser Schritt. Wenn griechische Politiker so auf uns zugekommen wären, wie beschämt wären wir da gewesen? Wenn Schiffsflüchtlinge aus Tunesien oder Libyen das sagen würden, wie sehr könnten wir uns entlarvt fühlen? Wer so angegangen wird, ist genötigt, ja gezwungen zu Menschlichkeit abseits von ehrlichen oder scheinheiligen Gerechtigkeitserwägungen. Schuld in Worte zu fassen ist schwer, das sieht man auch hier. Sie reden nicht direkt von ihrer Schuld. Stattdessen muss der tote Vater Israel herhalten, ihm legen sie das Bekenntnis zum begangenen Unrecht in den Mund: „Verzeihe lieber doch das Verbrechen deiner Brüder und ihr Verschulden, dass sie so übel an dir getan! Nun, oh verzeihe doch das Verbrechen der Diener des Gottes deines Vaters."

Mich erinnert dies an das Stuttgarter Schuldbekenntnis, wo Kirchenvertreter gleich nach dem Krieg ebenfalls nicht unverblümt eigene Versäumnisse aussprachen, sondern verklausulierter bedauerten, nicht fröhlicher bekannt, brennender geglaubt und mutiger gebetet zu haben, während ihre jüdischen Mitbürger umgebracht wurden. Können Bekenntnisse und Gebete allein Menschenleben retten? Schuld spricht oft so, auch unter uns. Denn Erfolg hat viele Väter, aber Versagen ist ein Waisenkind. Aber trotz aller Verklausuliertheit gehen sie damit auf Josef zu und fordern ihn auf, wie ein Mensch zu handeln und nicht wie ein Gerechtigkeitsapparat.

Was sagt Joseph? Er tröstet und er sagt: Ich will euch verpflegen und eure Kinder. Wenn Recht vollzogen würde: Niemand würde übrig bleiben. Er sagt: Habt ihr auch die Absicht gehabt, mir Böses zu tun, so hat doch Gott die Absicht gehabt, es zum Guten zu lenken. Wenn Recht zum Zuge käme: Das Böse geschähe noch einmal: mehr Sklaven oder gar eine getötete Familie, getötet im Namen des Rechts. Er sagt: Fürchtet euch nicht. Bin ich denn an Gottes Stelle? Da ist kein Vollstrecker göttlicher Ordnung. Da soll kein Raum sein für Furcht. Gängige Rechtsauffassungen werden verschoben, Ordnungen werden beiseite geschoben, wenn Gott seine Gerechtigkeit ins Spiel bringt. Josefs Geschichte spiegelt fremd die Widerlogik göttlicher Gerechtigkeit. Wer nach Recht und öffentlicher Meinung schuldig (oder selbst schuld) ist, erhält nur zur Antwort: Du sollst und du darfst leben.

Die Wiederaufnahme in den Kreis derer, die leben dürfen: Das kennen wir. Nach dem Stuttgarter Schuldbekenntnis haben Kirchenvertreter aus aller Welt die deutschen Kirchen in ihrem Kreis willkommen geheißen, haben unergründlich großzügig geholfen, gespendet angesichts des Elends. Können wir das auch, wie Josef? Oder muss man dazu ein Heiliger sein?

Für Heilige gibt es ein neues schreckliches, abwertendes Wort: Gutmensch. Ein Gutmensch, das ist jemand, der schlechte Worte (unsere Kindergärtnerin würde sagen: „Krötenworte") vermeidet, keine Tiere isst, und niemand böse sein kann, sich darum auch in seiner Naivität leicht hinters Licht führen lässt. Ist Josef ein Gutmensch? Ich glaube, wir tun solchen Menschen unrecht, selbst wenn sie das ihrige dazutun zu dieser Inszenierung. Indem wir sie zur Reliquie machen, kanzeln wir sie ab. Wer nur gut sein soll oder will, ein moralischer Superman, wird tief fallengelassen, wenn Kanten und Zacken seiner Menschlichkeit und Fehler das Korsett dieses moralischen Unangreifbarkeitspanzers in Stücke sprengen. Ich denke an Margot Käßmann, aber auch an Dietrich Bonhoeffer oder an Martin Luther King. Eine alkoholisierte Autofahrt, die scheinbare Kollaboration mit dem Regime, der Seitensprung des bekannten Friedensnobelpreisträgers – und die öffentliche Wertschätzung spielt Pingpong mit diesen Leuten. Auch Josef hat vorher seine Brüder reingelegt, dem Jüngsten einen Diebstahl untergeschoben. Ganz so ungeschoren und ohne Schreck kamen die Übeltäter nicht davon. Ein Schalk spricht aus dieser Tat, die keinem Gutmenschen ansteht. Einem Menschen aus Fleisch und Blut mit Gefühlen und Verletzungen aber schon.

Ich bevorzuge für Leute wie Josef den Titel Weltverbesserer. Er ist im Großen und Ganzen nicht dem Wunsch nach Genugtuung und Rache gefolgt, sondern hat wirklich alles besser gemacht durch seinen Anteil an der Versöhnung. Und das hat er nicht nur für andere getan, sondern auch für sich. Josef der Weltverbesserer. Es heißt, seine Urenkel wurden noch auf seinen Knien geboren; eine Formel in der Bibel, die besagt, dass er in ihnen weiterlebte.

Es ist aber auch ein schönes Zeugnis für Lebenslust, für die Liebe zu Menschen und für hoffnungsvolle Zugewandtheit zu allem, was noch kommen mag für mich, für uns, und alle Menschen die noch auf der Welt sein werden. Ein Weltverbesserer war Josef; können wir das auch sein? Immerhin soll auch unser Leben damit lebenswert werden und bleiben. Nicht eingemauert vor der Armut, die in Gestalt armer Menschen die reich gefüllten Kornkammern bedroht. Vielleicht hören unsere Urenkel mal die Geschichte unserer Zeit, und dann sagen sie nicht: Warum konnten denn die Leute Anfang des 21. Jahrhunderts keine Heiligen sein? Sondern die Frage wird vielleicht lauten: Warum konnten sie nicht klüger handeln? Vor dieser Frage kann uns keiner schützen. Am Ende werde ich mich vielleicht selbst so in Frage stellen müssen, wenn ich Bilanz ziehen werde. Habe ich im Großen und Ganzen richtig gehandelt? Bin ich zufrieden mit mir und unserer Welt, die wir hinterlassen? Ist sie besser geworden, irgendwie?

Im Horizont dieser Frage gibt Josefs Geschichte viel Hoffnung, finde ich. „Habt ihr auch die Absicht gehabt, mir Böses zu tun, so hat doch Gott die Absicht gehabt, es zum Guten zu lenken, um das auszuführen, was jetzt geschieht: ein großes Volk zu erhalten. So fürchtet euch nicht." So spricht Josef, der die Welt verbessern will. Er hat viel Gutes erfahren, obwohl doch seine Nächsten seine ärgsten Feinde waren. Das, so bekennt er, hat Gott gemacht, der größte Weltverbesserer. Und Gott, so hoffe ich, kann das auch mit meinen Taten und Worten machen: Zum Guten lenken, was zerstörerisch war. Mich entlasten. Mir zusagen: Fürchte dich nicht! Du darfst und du wirst leben.

Theodor Ziegler

Josua

(Josua 6)

Ein Lied

(Melodie: Joshua fit the battle of Jericho)

Refr. 1:
Josua, was machtest du mit Jericho,
Jericho, Jericho?
Josua, was machtest du mit Jericho,
dieser Stadt im Jordantal?
Josua, was machtest du mit Jericho,
Jericho, Jericho?
Josua, was machtest du mit dieser Stadt,
war ihr Schicksal dir egal?

– 1 –
Schon klar, dass du nach vierzig Jahren
Wüstenwanderung
für Israel 'ne Heimat suchst,
eine Art Refugium.
Doch war es Gottes heil'ger Wunsch,
dass ihr die alte Stadt zerstört?
Vielleicht hast du dich, Josua,
ganz wesentlich verhört.
Refr. 1 …

– 2 –
Was ha'm die Leut' von Jericho
euch eigentlich getan,
dass ihr sie so vernichtet habt
in eurem heil'gen Wahn?
Dabei trugt ihr die Bundeslade
mit den Tafeln voll,
auf denen eingemeißelt steht,
dass man nicht töten soll.
Refr. 1 …

– 3 –
Musik ist schön, erfreut das Herz,
soll Trost in Trübsal sein,
doch ihr erwecket Pein und Schmerz
mit Posaunen und mit Schrein.
Ihr wütetet mit Feuersbrunst
und tötetet per Schwert.
Was lernt man nun von Josua,
wenn man solch Graus erfährt?

Refr. 2:
Josua, das war nicht gut mit Jericho,
Jericho, Jericho!
Josua, das war nicht gut mit Jericho,
was habt ihr euch denn gedacht?
Josua, das war nicht gut mit Jericho,
Jericho, Jericho!
Josua, dein krasses Beispiel lehrt uns heut,
dass man so etwas nicht macht.

Heino Falcke

David und Abigail
oder:
Ästhetik des Friedens

(1. Samuel 25)

Welches sind die Friedensfragen heute und was hat der Text aus den Samuelbüchern, der von Nabal und Abigail und David erzählt, damit zu tun? Als ich vor zwanzig, dreißig und vierzig Jahren in der Friedensarbeit der Kirchen mitmischte, ging es um den großen weltumspannenden Ost-West-Konflikt, um eine gerechtere Weltwirtschaftsordnung und das Überleben der Biosphäre. Das ist größtenteils auch heute aktuell, aber was uns umtreibt sind jetzt die kaum noch zu überschauenden lokalen, regionalen, ethnisch-religiös-kulturellen Konfliktherde und ein Terrorismus, der in den herkömmlichen Mustern von Krieg und Frieden kaum noch unterzubringen ist. Die biblischen Texte, die damals zu uns sprachen, stammten dem entsprechend vor allem aus der Zeit, als Israel in die Konflikte der Großreiche verwickelt war. Von Assur, Babylon, Ägypten und Persien war die Rede, und unser Schlüsseltext aus Jesaja und Micha, die Vision vom Umschmieden der Schwerter zu Pflugscharen, ist eine globale Vision.

Davon sind wir im ersten Buch Samuel weit entfernt. Der Staat Israel ist erst im Werden. Zwar war Saul von dem Propheten Samuel zum ersten König gesalbt worden, aber sein Königtum war alles andere als gefestigt. Ein dunkler Schatten lag auf diesem König. Während er noch regiert, wird der Jüngste vom Stamm Jesse, der charismatische Jüngling David, zu seinem Nachfolger designiert. Der Verfall und Abstieg des alten Königs und der Aufstieg des jungen Hoffnungsträgers – das ist das spannende Konfliktfeld, in dem die Erzählung von Nabal, Abigail und David spielt. Ist sie unserer heutigen Situation vielleicht näher als die großen weltgeschichtlichen Visionen der Propheten? Sie führt uns in die konfliktgeladene Geschichte der Staatwerdung Israels unter David. Heute erleben wir dort wieder die Geschichte einer Staatwerdung, aber die der Palästinenser, und wir stehen ratlos vor den schier unlösbaren Konflikten, die dort immer neu aufbrechen.

Aber nicht nur politisch, auch wirtschaftlich und kulturell befand sich Palästina zur Zeit unserer Erzählung im Übergang von der Bronze- zur Eisenzeit und zu neuen Siedlungsformen bäuerlicher Kultur. Aus Kleinsiedlungen wurden Großdörfer und befestigte Städte. In den Dörfern am Südabhang des judäischen Gebirges zum Nägäb entfaltete sich Wohlstand aus Ackerbau verbunden mit Kleintierherden, die in der Steppe geweidet wurden.

In Nabal haben wir einen Vertreter dieser wohlhabenden Oberklasse. Er hat Wohnhaus und Hof in Maon und den Herdenstützpunkt in Karmel, wo seine Hirten die Großherden aus der Steppe zur Schafschur zusammentrieben.

In der Steppe trieben aber auch räuberische Beduinen ihr Unwesen und dann gab es da noch schwer definierbare Gruppen. Im ersten Samuelbuch werden sie „alle, die bedrängt, verschuldet oder verzweifelt waren" (22,2) genannt. Es handelt sich um Menschen, die es im Entstehen der Dorfkultur nicht geschafft hatten mitzuhalten. Sie verfielen der Schuldknechtschaft und flohen daraus. Ausgegrenzte, Abgehängte, in heutiger Terminologie vielleicht so etwas wie ein Prekariat. Solche Leute waren es, die David um sich geschart hatte, als er den Königshof und den verdüsterten König Saul fliehen musste. Was waren das nun: Freischärler, Guerillas, revolutionäre Garden, Umstürzler, Taliban der guten oder vielleicht doch der bösen Sorte? Im Zwielicht standen sie jedenfalls, auch wenn David eher ein Robin Hood als ein Terrorist war.

Was hat uns dieser kurze Rundblick über das Umfeld unserer Erzählung gezeigt? Ein Umfeld voller sozialer Spannungen und Konflikte, es fehlt an einer stabilen politischen Ordnung und Gewalt ist an der Tagesordnung. In diesem Kontext spielt die Geschichte von David und Abigail.

Es gibt in der Geschichte vom Aufstieg Davids eine andere Erzählung, die beispielhaft paradigmatisch, ja geradezu sprichwörtlich geworden ist: David und Goliath. Der Hirtenjunge streckt mit seiner Steinschleuder den Riesen Goliath nieder, und bevor er es tut, gibt er dem Kampf prophetisch die Deutung aus dem Gottvertrauen des Jahweglaubens: Du kommst hochgerüstet mit Schwert und Spieß, ich aber komme im Namen meines Gottes. Ihr vertraut auf eure Waffen, ich vertraue auf Gott. „Ein feste Burg ist unser Gott/ ein gute Wehr und Waffen ist er allein."

Diese großartige Erzählung ist für den friedensethischen Gebrauch wunderbar, aber sehr interpretationsbedürftig, zumal sie aus der Tradition des „heiligen Krieges" stammt. Für die heutigen Aufgaben gewaltfreier Konfliktlösung wünschte ich mir, dass die Abigail-David-Erzählung den Berühmtheitsgrad der David-Goliath-Erzählung bekäme. In dem Befriedungsgespräch, das Abigail mit David führt – ja, tatsächlich so herum, sie mit ihm! –, begegnet eine Klugheit, ein Tiefsinn, eine Weitsicht und eine Weisheit, die einen aus dem Staunen gar nicht herauskommen lässt. Während die David-Goliath-Erzählung aus der Tradition des „heiligen Krieges" stammt, ist diese Geschichte durch die Weisheitstradition geprägt. Sie ist geradezu eine Beispielgeschichte für das, was Torheit in mitmenschlichen Beziehungen anrichtet und was Weisheit wieder zurechtbringen kann.

Nabal heißt zu deutsch „der Tor", und als Name bezeichnet „Nabal" diesen erfolgreichen Agrarunternehmer, der stets die Nase vorn und in ihr die richtige Witterung hat, gleichwohl als Inbegriff und Personifizierung der Torheit. Torheit meint dabei nicht primär einen intellektuellen Defekt. Ein Tor kann schlau, geschäftstüchtig, mit allen Wassern gewaschen sein, aber ihm fehlt der Blick für das, was wirklich Leben heißt, was der Mensch ist, was die Stunde jetzt gerade geschlagen hat und was letztlich zählt. In den Sprüchen heißt es: „Frau Weisheit hat ihr Haus gebaut. Frau Torheit reißt es mit eigenen Händen nieder." (14,1) „Die Lippen des Toren bringen Streit, und sein Mund ruft nach Schlägen" (18,6), wie das Beispiel unseres Nabal zeigt.

Viele von Ihnen kennen sicher Dietrich Bonhoeffers Ausführungen über die Dummheit in der 1943 geschriebenen „Bilanz nach 10 Jahren" NS-Regime: Er beschreibt da die Dummheit als einen menschlichen, nicht nur intellektuellen Defekt, demgegenüber wir merkwürdig wehrlos sind. Aus ihr hilft nicht ein Akt der Belehrung, sondern nur ein Akt der Befreiung. Wenn es in den Sprüchen Salomons heißt, die Furcht Gottes sei der Anfang der Weisheit, so sei eben dies gemeint, dass die Befreiung zu einem verantwortlichen Leben vor Gott die einzige wirkliche Überwindung der Dummheit ist. Nabal – dieser Mensch war offenbar durch seine Dummheit definiert. Am Schluss der Erzählung lässt er sich durch die Erzählung seiner Frau von der Versöhnung nicht aus seiner Dummheit befreien, ihn trifft der Schlag.

Dagegen Abigail. So wie Nabal in seiner Torheit „roh und bösartig" war, so Abigail in ihrer Klugheit „von schöner Gestalt". Sie glauben das sofort, wenn Sie hören, was der Name Abigail bedeutet: Er lautet übersetzt „Mein Vater jauchzt". Abigail ist in dieser Geschichte der Inbegriff der Weisheit und Frau Weisheit ist zum Jauchzen schön! Sie ist über die Maßen anziehend, sie lockt hinein in den weiten Raum eines sich frei entfaltenden Lebens. Die schöne Gestalt dieses Menschseins inspiriert dazu, es dieser Schönheit gleich zu tun.

Was bedeutet es für unser Friedensthema, dass uns diese Erzählung als Weisheitserzählung begegnet?
Überwindung von Gewalt und friedliche Konfliktlösung sind eine Sache der Vernunft und damit auch eine Frage der Bildung.

Dummheit verstrickt sich in sinnlosen Streit. Rache ist dumm und macht dumm. Lebensweisheit sucht Ausgleich und Verständigung. Dazu braucht es kluge Distanz zu den eigenen Emotionen, Feinfühligkeit für das, was die anderen bewegt, Selbstbeherrschung, Großzügigkeit, den Blick für das Gemeinsame, Weitsichtigkeit. Es ist wirkliche Bildung, die aus der Dummheit befreit und in all die schönen und anziehenden Eigenschaften der Weisheit hineinführt. Sie lässt die Schönheit der Versöhnung erleben und die Ästhetik des Friedens feiern, sodass die Arbeit an der Versöhnung, die hart und langwierig sein kann, von dort her Hoffnungslicht bekommt.

So viel noch einmal zum Ganzen der Erzählung unter dem Aspekt der weisheitlichen Beispielerzählung.

Lassen Sie uns nun die Erzählung durchgehen und vor allem bei dem Gespräch zwischen Abigail und David verweilen.

David schickt zehn Abgesandte zu der großen Schafschur, die Nabal mit seinen Hirten und Scherern hält, und die zugleich das große Jahresfest ist, zu dem er gewaltig Auffahren lässt. Die Botschaft von Davids Abgesandten ist klar: Wir haben eure Herde und Hirten in der Steppe gegen die Wüstenräuber geschützt, nun erwarten wir eine angemessene Entschädigung, so viel meine zehn Leute aufladen können von dem, was du da so reichlich zusammengetragen hast. Von „Bruder" zu Bruder lässt David das ausrichten, auf gleicher Augenhöhe, nicht als Bittsteller, sondern als Partner. Aber nicht als Drohung oder gar Schutzgelderpressung, sondern mit einem dreifachen Schalomgruß: für Nabal persönlich, seine Großfamilie und seinen Besitz. Es war Davids Politik, in dem Konfliktfeld jener Gesellschaft viele kooperative Beziehungen aufzubauen und so zu einer Integrationsfigur zu werden, als die sich der kommende König empfiehlt.

Nabals Antwort ist herabsetzend und beleidigend: Wer ist schon David! Vom Königshof entlaufen wie die vielen entlaufenen Knechte in diesen Guerillahorden, gescheitertes Prekariat. Der borniete

Reiche, der in seinen Vorurteilen und Besitzängsten Gefangene, der nicht sieht und nicht begreift, mit wem er es in David zu tun hat!

David bewaffnet 400 von seinen 600 Guerilleros und bricht zum Vergeltungszug auf mit dem Schwur, nichts bei Nabal zu verschonen, was männlich ist. Damit wechselt die Szene der Erzählung zu Abigail. Einer von Nabals Knechten, der offenbar Durchblick hat, informiert die Herrin Abigail, die sich dem Männertreiben der Schafschur ferngehalten hatte. Er redet Klartext, was David für sie in der Steppe getan hat und wie Nabal ihn hat abfahren lassen und wie das Unheil nun seinen Lauf nimmt. Mit Nabal in seiner bösartigen Verbohrtheit sei ja nicht zu rechnen. „Nun sieh du zu und überlege, was du tun willst." Ein Untergebener, der so von seinem Herrn redet und seiner Herrin das Mandat zum Handeln erteilt? Unerhört in der alten Welt und bei uns noch bis in meine Jugendzeit hinein und bis zu den 1968ern!

Abigail hört das schweigend an, verzichtet auf jeden Kommentar, erfasst blitzartig die Situation und handelt unverzüglich. Sie übernimmt die Verantwortung, die ihr der Knecht überträgt, weil sie sofort begreift, dass sie ihr aus der Situation auch ohne ordentliches Mandat zufällt. Das nennt man in Europa seit etwa zweihundert Jahren Zivilcourage. Sie packt zusammen, was sie greifen kann. Die große Menge, die aufgezählt wird, zeigt ihre Entschlossenheit, die alle Kleinlichkeiten hinter sich lässt. Sie macht sich mit ihren Leuten und ihrer Eselskarawane auf den Weg von den judäischen Höhen hinab in den Nägäb. In der Talsenke begegnet sie David mit seinen Männern, die zu allem, was Rache heißt, wild entschlossen sind. Nun kommt es zu der Begegnung und dem Gespräch, von dem ich wünschte, dass es in jedem Friedensseminar analysiert und meditiert wird.

Abigail springt vom Esel und wirft sich vor David nieder. Die Demutsgeste wird dreifach beschrieben: fiel auf ihr Angesicht, verneigte sich zur Erde, fiel ihm zu Füßen. Rückhaltloser kann man sich dem andern nicht unterwerfen und ausliefern. Das tut sie dann auch mit ihrem ersten Wort: „Auf mir allein, o Herr, liegt die Schuld." Sie also übernimmt die Schuld Nabals. Sie zieht damit die Rache und Vergeltung Davids auf sich. Avon, das hebräische Wort für Schuld, meint die Schuldfolgen mit. Mit ihrem Schuldbekenntnis legitimiert sie Davids Vergeltung und gibt ihm Recht, wenn er jetzt zuschlägt.

Das wagt sie, aber das will sie nicht. Sie will etwas anderes. Was sie will, sagt ihr nächster Satz: „Lass doch deine Magd vor dir reden und höre die Worte deiner Magd!" Sie will nicht das Opfer von Torheit und Rache werden, sie will Torheit und Rache überwinden – durch das Wort. Um aber dies zu erreichen, muss sie dem gerechten Zorn Davids zuerst vorbehaltlos Recht geben. Sie muss ihre eigene Existenz riskieren. David soll wissen, dass sie sich nicht behaupten, nicht Macht über ihn gewinnen, ihn nicht austricksen will. Er soll wissen, dass das Wort, um das sie bittet, kein lügnerisches, kein taktisches, kein vorgetäuschtes Wort ist. Nur so kann es aus dem Teufelskreis von Unrecht, Rache und Vergeltung herausführen, vielleicht sogar diesen Teufelskreis aufbrechen.

Zuerst spricht Abigail von Nabal, und was sie sagt klingt zunächst befremdlich wie die alte Leier vom Sündenbock, der ein hoffnungsloser Fall, einfach schrecklich und an allem schuld sei, mit dem man aber ganz und gar nichts zu tun habe. Aber voran ging ja „auf mir allein, o Herr, liegt die Schuld". Die Schuldübernahme reinigt die folgenden Worte von dem Gift der Selbstrechtfertigung und Schuldabwälzung. (Nach dem Zweiten Weltkrieg konnten nur diejenigen, die das Stuttgarter Schuldbekenntnis der Bekennenden Kirche mit gesprochen hatten, glaubwürdig von den Verbrechen der Nazis sprechen.)

Jetzt kann, jetzt muss aber auch die Nichtswürdigkeit beim Namen genannt werden, derer sich Nabal schuldig machte. Abigail will hier zweierlei zugleich. Das Böse benennen. Es darf nicht vertuscht werden. Zugleich aber will sie die Fixierung auf das Böse, den Bösen überwinden. David soll sich von der Fixierung auf Nabal lösen. Er hatte ja geschworen, nichts Männliches übrig zu lassen in Nabals Haus. So können wir uns selbst auf einen Umgang mit der Vergangenheit festlegen und einschwören, der ihr Unheil fortsetzt und von dem wir nicht loskommen! Abigail riskiert einen Befreiungsschlag: Lass doch diesen Nichtswürdigen! Mehr als einen kurzen, freilich scharfen Seitenblick verdient dieser Unmensch nicht. Ich habe seine Schuld übernommen und bin jetzt dein Gegenüber, lass dich auf meine Worte ein. Lass uns im Zeichen der benannten und bekannten Schuld miteinander reden. Nur so kommen wir zu einem befreienden Umgang mit der Vergangenheit.

Zu diesem befreienden Umgang mit der Vergangenheit gehört dann die Wiedergutmachung. Abigail übergibt David, was sie als Ersatz für das von Nabal Verweigerte mitgebracht hat. Für israelitisches Denken gehören Schuld und Schuldfolgen untrennbar zusammen. Wer seine Schuld bekennt, lässt sich auch bei der Verpflichtung behaften, den Schaden wieder gut zu machen. Danach erst spricht Abigail die Bitte um Vergebung aus. Es gilt, eine gestörte, ja von Zerstörung bedrohte Beziehung wieder herzustellen und zu dieser Beziehung gehört beides: Die Sachebene und die personale Ebene. Reparationsleistungen fordern ohne Vergebung, das schafft keinen Frieden. Siehe den Frieden von Versailles 1918. Vergebung erbitten, Wiedergutmachung aber verweigern, bleibt halbherzig und unglaubwürdig.

Ich habe eben die Worte Abigails übersprungen, die mitten in ihrer Auseinandersetzung mit Schuld und Buße stehen, die aber eigentlich der Kern ihrer Rede sind und auch alles Weitere bestimmen:

Abigail wendet sich David selber zu. Unter feierlicher Anrufung Gottes spricht sie ihn an als den von Gott geführten: „So wahr Gott lebt und so wahr du selbst lebst, den der Herr davon abgehalten hat, in Blutschuld zu fallen und dir mit eigener Hand zu helfen." Kurz danach zitiert sie die Verheißung Gottes an David, dass Gott ihm ein Haus, also die David-Dynastie gründen werde, weil David Gottes Kriege führe und nichts Böses an ihm gefunden werde sein Leben lang.

In vollständigem Gegensatz zu Nabals Torheit zeigt sich Abigails Klugheit darin, dass sie erkennt, wer dieser David eigentlich ist. Durch das vordergründige Geschehen hindurchblickend sieht sie die Geschichte, die Gott mit ihm hat. Sie erinnert an einen ganz speziellen Zug dieser Führung Gottes. ER habe David davon abgehalten, Blutschuld auf sich zu laden und sich mit eigener Hand zu helfen. David nimmt das später in seiner Antwort ausdrücklich auf.

Was ist gemeint?
Unsere Erzählung ist von zwei Geschichten eingerahmt, die beide erzählen, wie David die günstigste Gelegenheit hatte, seinen Rivalen, den König Saul, zu töten. Auch seine Gefolgsleute hatten ihn gedrängt, die einmalige Gelegenheit wahrzunehmen. Beide Male aber hat es David abgelehnt, die Blutschuld auf sich zu laden. Es sind die bekannten Geschichten in der Höhle bei Engedi und in der Wüste Siph. Beide Male ist es der Respekt Davids vor dem Gesalbten Gottes, der ihn vor der Bluttat zurückschrecken lässt.

Das von Gott eingesetzte und geweihte Königtum anzutasten, ist ein Sakrileg. David würde seine eigene Bestimmung zum König Israels verraten, wenn er mit seiner Hand den Vorgänger beseitigte, „sich mit eigener Hand hülfe", wie Abigail es nennt. Der Gesalbte steht in der Hand Gottes, dem kein Mensch vorgreifen darf. Das ist ja der große Vorzug Davids, dass er – wie Abigail sagt – des *Herrn* Kriege führt, also nicht eigenmächtig handelt, sondern Gott die Ehre gibt und ihm zur Verfügung steht, der Herr über Sieg und Niederlage ist.

Daran erinnert Abigail den David, und was gibt ihm diese kluge Frau damit in dieser Stunde zu verstehen? Solltest du nicht auch hier und jetzt, wo es um keinen Gesalbten, sondern um den Nabal geht, so handeln, dass du auf Gewalt verzichtest und dir nicht mit eigener Hand hilfst? Der Nabal wird an seiner eigenen Dummheit zugrunde gehen, und so möge es all deinen Feinden gehen. Du bist der designierte Friedenskönig, darum: „Keine Gewalt!" Gegenüber niemandem!

O diese kluge Frau! Unter der Hand deutet sie die beiden Geschichten von der Verschonung Sauls durch David ein klein wenig, aber sehr bedeutsam um. Beide erzählen von Davids Ehrfurcht vor dem Gesalbten, die ihn vor der Bluttat bewahrt habe. Abigail hätte also an diesen frommen Edelmut Davids appellieren können. Aber sie sagt: So wahr Gott lebt, der dich davon abgehalten hat, in Blutschuld zu fallen ... So ist dein Gott, der dich zum König bestimmt hat! Halt dich auch jetzt an Ihn, statt dir mit eigener Hand zu helfen! Gott will ein Königtum, das sich von Blutschuld frei hält.

Und das, so gibt Abigail zu verstehen, gilt nicht nur gegenüber dem Gesalbten, sondern auch gegenüber dem Narren Nabal. Und, so denken wir mit Abigails Klugheit weiter, wenn sogar gegenüber diesem Kotzbrocken, dann gilt das doch für alle Menschen. Wir denken an die Schöpfungsgeschichte. Sie spricht die Gottebenbildlichkeit, die in der alten Welt nur den Königen zugesprochen war, allen Menschen zu. Die Menschenwürde eignet jedem Menschen, jeder Mensch muss uns heilig sein wie der Gesalbte und unantastbar für Gewalt jeglicher Art.

Abigail schließt ihre Rede mit Segenswünschen für David und malt ihm aus, wie gut es für ihn sein wird, wenn er sich bei seiner Inthronisierung nicht vorwerfen muss, ohne Not Blut vergossen und sich mit eigener Hand geholfen zu haben. Und er möge dann seiner Magd gedenken. Ja, auch dies! Es gehört durchaus auch zur Klugheit und Weisheit, auf das eigene Wohl bedacht zu sein. Ihre Zufriedenheit gehört auch zu dem Frieden, den der Friedenskönig bringen soll.

David nimmt Abigails Rede mit einem Gotteslob auf und erweitert es zum Lob ihrer Klugheit und ihrer Person selbst. Er bestätigt ihr, dass er durch ihre Intervention von seiner Vergeltungsaktion abgebracht worden sei. Dieser designierte König ist lernfähig, keineswegs beratungsresistent. Er hat offenbar das „hörende Herz", das sein Sohn Salomo in seinem Tempelgebet erbitten wird (1. Kön 3). Herztöne sind hier durchaus zu hören, wenn er am Schluss wörtlich sagt: „Ich habe deine Stimme gehört". Was schwingt nicht alles in einer Stimme mit! Und:

"Ich habe dich mit Wohlwollen aufgenommen", das meint innere Bereitschaft, Sympathie, emotionale Offenheit. So kommt es nicht ganz überraschend, dass am Schluss der Erzählung die Begegnung Abigails und Davids in eine Ehe mündet, nachdem es mit Nabal, wie zu erwarten, ein böses Ende genommen hat.

Ist das nun das enttäuschend banale Bildzeitungs-happy-end einer hochdramatischen und tiefsinnigen Geschichte? Aber so ist das Leben, so ist das auch mit den gewaltfreien Konfliktlösungen! Das ist nichts Abgehobenes, emotionslos Sachliches, nur Rationales. Es hilft enorm, wenn die Chemie zwischen den Beteiligten stimmt, wenn Charisma und Sympathie mithelfen, und nicht Antipathien die richtigsten Argumente ständig in die falschen Kehlen geraten lassen. Gottes Güte arbeitet auch mit diesen Faktoren und unsere Fürbitte sollte sie auch mit einbeziehen. Von der Hebräischen Bibel können wir so etwas lernen.

Das also ist unsere Erzählung von einem mörderischen Konflikt und seiner wunderbaren Lösung.

Ich möchte ein zusammenfassendes Fazit versuchen. Zuerst erinnere ich noch einmal an die Situation damals und heute:

a) Keine klare und durchsetzungsfähige politische Ordnung, vielfältige unübersichtliche Konfliktlagen, starke soziale Gegensätze. Heute die globalisierte Welt, eine Fülle von Konfliktherden, aber eine schwache UNO. Anzustreben ist weiterhin eine starke internationale Friedensordnung unter der Herrschaft des Rechts. Im politischen Alltag jetzt aber gilt es die Vielzahl von Gewaltszenarien, Menschenrechtsverletzungen, Bürgerkriegen, Migrationskonflikten zu befrieden. Mit Recht hatte darum die ökumenische Dekade das Ziel „to overcome violence" – „zur Überwindung von Gewalt". Zivile Konfliktbearbeitung, Konfliktprävention, Mediation – das sind die heute vordringlichen Friedensaufgaben. Das Militär stellt sich von den Volksarmeen auf spezialisierte Eingreiftruppen um, weil die klassischen Kriege passé zu sein scheinen. Viel dringlicher aber sind in dieser Situation zivile Friedensdienste, geschulte Friedensfachkräfte, Mediatoren. Wir müssen die Abigails gegen die Nabals aufbieten. Und noch viel wichtiger: Wie Abigail den David umstimmte, den Politiker und damit Politik beeinflusste, so muss heute die politische Relevanz der zivilen Konfliktbearbeitung erkannt werden. Dementsprechend muss heute in diese Art von Friedensarbeit investiert werden, statt ihr weiterhin nur eine marginale Existenz am Rande und als Lückenbüßer zuzubilligen.

b) Hinter unserer Geschichte steht ein Königsbild, aus dem ein deutlicher Vorbehalt gegen blutige Gewalt spricht. Abigail ist ja intensiv damit beschäftigt, Davids Bestimmung zum Königtum von Blutschuld frei zu halten. Sie weist ihn eindringlich darauf hin, dass er dem Gott, der ihm das Königtum verleihen wird, am besten so entspricht, dass er sich nicht mit seiner eigenen Hand, der Schwerthand selber hilft. Das ist kein pazifistisches Königsbild, aber doch eine politische Macht in einem distanzierten Verhältnis zur physischen, bewaffneten Gewalt. Eine politische Macht, die weiß: Ich bin nicht die höchste Macht und mir „mit eigener Schwerthand zu helfen" ist nicht meine prima ratio. Eine solche politische Macht bleibt ansprechbar auf zivile Konfliktlösungen, auch wenn sie demütigend langwierig, schwierig und mühsam sind.

Freilich hat dieses Königsbild eine Kehrseite, deren Problematik wir gerade heute unbedingt sehen müssen. Die Gewalt wird auf Gott delegiert. David führt „Jahwes Kriege". „Die Seele deiner Feinde schleudere er in der Schleuderpfanne fort!" wünscht Abigail dem David. So wird zwar Gottes alleinige Verfügungsmacht über Leben und Tod respektiert, aber wird nicht gleichzeitig Gott militarisiert? Von dort her kann es zur religiösen Sanktionierung von Gewalt und zur Militarisierung der Religionen kommen. Damit haben wir es ja heute zu tun, nicht nur bei den Islamisten, auch bei den Christianisten! Eine heutige Abigail muss also einen großen Schritt weitergehen und uns in einen Glauben einführen, der im

Konflikt der Religionen friedensfähig ist. Dabei würde sie, denke ich, von dem Vater im Himmel sprechen, der seine Sonne aufgehen lässt über Böse und Gute und regnen lässt über Gerechte und Ungerechte, und dass wir so vollkommen sein sollen, wie unser Vater im Himmel vollkommen ist (Mt 5,45f.).

Schließlich sollten wir uns die Schritte vergegenwärtigen, die Abigail in ihrer Initiative und Rede zur Konfliktlösung geht:

1. Sie begreift und ergreift ihre Verantwortung. Sie handelt, ohne durch die gesellschaftliche Ordnung oder ihre Stellung dazu legitimiert oder ermächtigt zu sein. Wir müssen wach und bereit sein für die Notwendigkeit der freien verantwortlichen Tat auch ohne, ja sogar gegen Beruf und amtlichen Auftrag. Wach und bereit sein, wo ein Konflikt schwelt, ausbricht oder eskaliert, in der U-Bahn, in der Kneipe, wo auch immer. Diese Zivilcourage hat Dietrich Bonhoeffer bei den Deutschen unter dem Nazi-Regime vermisst. Er schreibt, sie erwachse aus dem Vertrauen auf einen Gott, der das freie Glaubenswagnis verantwortlicher Tat fordert, und der dem dabei Scheiternden Vergebung und Trost zuspricht (DBW 8,24).

2. Abigail übernimmt die Schuld Nabals, obwohl sie an ihr nicht beteiligt war. Sie übernimmt sie mit dem ganzen Risiko. Sie wirft sich vor David nieder, liefert sich ihm aus, gibt ihm recht. Wir haben ein Beispiel in unserer Geschichte, das vor vierzig Jahren zeigte, welche große Bedeutung Schuldübernahme für die Versöhnung zweier Völker haben kann: der Kniefall Willy Brandts vor dem Denkmal des Warschauer Ghettos. Er war als Nazigegner und Emigrant nicht an den deutschen Verbrechen beteiligt. Als Kanzler aber repräsentierte er das deutsche Volk und nahm stellvertretend für dieses Volk dessen Schuld auf sich. Mit der Geste des Niederknieens beugte er sich unter diese Schuld und demütigte sich vor dem polnischen Volk. Ohne diese Haltung ist Versöhnung zwischen Tätern und Opfern nicht möglich.

3. Abigail riskiert es, zum Opfer der Vergeltung zu werden, aber sie will das nicht. Sie übernimmt nicht die Opferrolle, wodurch der Teufelskreis von Unrecht, Rache, Gewalt und neuem Unrecht ja nicht aufgehoben, sondern fortgesetzt würde. Diesen Teufelskreis will sie aber durchbrechen. Sie setzt auf das Wort und bittet um Gehör. Mit ihrer Schuldübernahme eröffnet sie den Raum, in dem Reden und Hören zuallererst möglich werden und das Wort eine Chance hat. Es ist der Raum gewagter Wahrheit, die frei macht. Unsere Versöhnungsworte und Vermittlungsgespräche scheitern häufig daran, dass wir es nicht wagen, die Situation herzustellen, in der sie überhaupt nur gelingen können (denken wir neben vielen persönlichen Erfahrungen z. B. an die Friedensgespräche zwischen dem Staat Israel und den Palästinensern.)

4. Abigail benennt die Schuld und den Schuldigen nicht nur offen, sondern auch mit Abscheu. Diese Abscheu soll aber nicht auf Schuld und Schuldigen fixieren, sondern helfen, von ihnen Abstand zu gewinnen. Schuld hält gefangen. Die Fixierung auf die Schuld hilft zur Konfliktlösung ebenso wenig wie ihre Leugnung. Schuldübernahme und Vergebung ermöglichen einen befreienden Umgang mit der Vergangenheit.

5. Abigail leistet Wiedergutmachung und bittet um Vergebung. Beides gehört zusammen, so wie die Schuld sowohl mitmenschliche Beziehung als auch Leben und Lebensverhältnisse zerstört. Diese Einheit von Wiedergutmachung und Vergebung geht verloren, wenn bei der Vergebung der Schuld die Opfer der Schuld ausgeklammert und verdrängt werden.

6. Abigail deutet David den Weg zum Königtum, den Gott mit ihm geht. Gott bewahrte ihn vor Bluttat am gesalbten König und will ihn auch jetzt und weiterhin davor bewahren. Jeder Mensch muss der politischen Macht heilig sein. Das politische Mandat und jeder Machtgebrauch ist vor eigenmächtigem Missbrauch zu warnen

und zu bewahren. Eine kritisch-selbstkritische Distanz zur eigenen Macht, die zur Selbstprüfung fähig und bereit ist, muss den politischen Machtträgern zugemutet werden. Ohne dies wird zivile Konfliktlösung mit ihnen schwerlich zu machen sein.

7. Die Konfliktpartner müssen sich nach gelungener Konfliktlösung nicht unbedingt heiraten wie David und Abigail, aber alle Konfliktpartner sollten bedenken, dass auch die anderen Gefühle haben und das mitmenschliche Klima entscheidender sein kann als schlagende Argumente.

Johannes Weissinger

„Was rühmst du dich der Bosheit, du Tyrann?"
oder:
Die tödliche Utopie der Sicherheit

(Psalm 52)

Die Überheblichkeit des Bösen – das Vertrauen des Frommen

[1] *[Für den Chormeister. Ein Weisheitslied Davids,* [2] *als der Edomiter Doëg zu Saul kam und ihm meldete: David ist in das Haus des Ahimelech gegangen.]* [3] *Was rühmst du dich deiner Bosheit, du Mann der Gewalt, was prahlst du allzeit vor dem Frommen?* [4] *Du Ränkeschmied, du planst Verderben; deine Zunge gleicht einem scharfen Messer.* [5] *Du liebst das Böse mehr als das Gute und Lüge mehr als wahrhaftige Rede. [Sela]* [6] *Du liebst lauter verderbliche Worte, du tückische Zunge.* [7] *Darum wird Gott dich verderben für immer, dich packen und herausreißen aus deinem Zelt, dich entwurzeln aus dem Land der Lebenden. [Sela]* [8] *Gerechte werden es sehen und sich fürchten; sie werden über ihn lachen und sagen:* [9] *„Seht, das ist der Mann, der nicht zu Gott seine Zuflucht nahm; auf seinen großen Reichtum hat er sich verlassen und auf seinen Frevel gebaut."* [10] *Ich aber bin im Haus Gottes wie ein grünender Ölbaum; auf Gottes Huld vertraue ich immer und ewig.* [11] *Ich danke dir, Herr, in Ewigkeit; denn du hast das alles vollbracht. Ich hoffe auf deinen Namen im Kreis der Frommen; denn du bist gütig.*
(Psalm 52)

Doëg, ein hochgestellter Diener des Königs Saul, gerade im Haus des Priesters Ahimelech in Nob, wird Zeuge, wie David auf der Flucht vor Saul Ahimelech um Brot und Schwert bittet und beides auch von diesem erhält. Dieses Wissen gibt Doëg an Saul weiter, als dieser seinen Dienern vorhält, sie hätten ihn im Stich gelassen und so David ermöglicht, mit Hilfe seines treuen Freundes Jonathan, des Sohnes Sauls, zu fliehen. Was lehrt diese Geschichte, die nachzulesen ist im 1. Samuelbuch, Kapitel 21 und 22? Vier Stellen der Antwort, die dieser Psalm, dieses Lehrgedicht Davids gibt, möchte ich kurz kommentieren.

1. Vers 3: „Was rühmst du dich der Bosheit, du Tyrann?", übersetzt Luther, genauer: du Starker. Der Rabbiner Samson Raphael Hirsch übersetzt „Held" und versteht diese Anrede als Ironie, denn eine Heldentat sei die Tat des Doëg nur in dessen eigenen Augen.[1] Ähnlich ein Midrasch, der übersetzt: „Was rühmst du dich der Bosheit Starker?", was so viel heißt wie: du bist gar nicht stark, du bist nur in der Bosheit stark. Der Midrasch lässt dazu David erläuternd sagen: „Welche Stärke ist das, wenn ein Mensch seinen Genossen am Rand (…) einer Grube sieht und ihn in die Grube stößt, oder wenn er ihn auf der Spitze des Daches sieht und ihn hinab stößt? Ist das Stärke? Wann wird er vielmehr ‚ein Starker' genannt? In der Stunde, wenn er seinen Genossen, der in eine Grube zu fallen droht, an seiner Hand erfasst, dass er nicht hineinfällt. Und ebenso, wenn einer sieht, dass sein Genosse in eine Grube fällt und er ihn heraufholt."[2]

2. Vers 5: „Du liebst das Böse mehr als das Gute und Lüge mehr als wahrhaftige Rede." Doëg hätte mit seinem Wissen und in seiner Stellung bei Saul auch Fürsprecher Davids und vor allem Fürsprecher

---

[1] Die Psalmen, übersetzt und erläutert von Samson Raphael Hirsch, Frankfurt 1914, 3. Aufl., Band 1, S. 248.
[2] August Wünsche, Midrasch Tehilim oder haggadische Erklärung der Psalmen, nach der Textausgabe von Salomon Buber, 1892, Reprint Hildesheim 1967, S. 310.

Ahimelechs werden können. Er hätte den Verdacht Sauls entkräften können, Ahimelech hätte sich mit David gegen ihn verschworen. Er hätte die Aussagen Ahimelechs im Verhör durch Saul bestätigen können, denn er hatte doch gesehen, wie Ahimelech vom Kommen Davids überrascht worden war und wie verblüfft Ahimelech war, als er David so allein, mittel- und wehrlos daherkommen sah. Er hatte gesehen: Was David erbat, hatte Ahimelech nicht parat. Er lebte als Priester offensichtlich ohne Vorrat an Brot und ohne Schwert; wer denkt da nicht an Franz von Assisi? Ahimelech musste zu den heiligen Broten, den Schaubroten, greifen und konnte dem David nur das Schwert des Goliath, das er aufbewahrte, geben. Doëg hätte Fürsprecher Ahimelechs werden und damit für Recht und Wahrheit eintreten können. Hätte er, hat er aber nicht. Er hat anders gewählt, anders entschieden. Mit Worten, die „sachlich" zutreffen, lügt er, wird er zum Denunzianten. Aus Worten des Rechts macht er Lüge.

3. Vers 8: „Gerechte werden es sehen und sich fürchten; sie werden über ihn lachen." Dass die Gerechten nach dem Sturz des Gewaltmannes „auflachen", wie Buber übersetzt, befreit und erleichtert, das ist verständlich, aber warum heißt es zuvor: sie fürchten sich, erschaudern? In der jüdischen Tradition gilt Doëg als großer Schriftgelehrter – der Edomiter Doëg ein großer Thoragelehrter!? Die Gerechten sehen Doëg und denken an sich selbst: Thoragelehrsamkeit, das Studium der Wegweisung Gottes, allein bewahrt nicht davor, vom Weg abzukommen und Böses zu tun. Das lässt sie erschaudern. Und es könnte sie das Entsetzen packen, wenn sie darauf blicken, dass es bei Doëg nicht bei dem bösen Wort bleibt. Ahimelech hat David unterstützt? Dann muss er sterben, er und seines Vaters ganzes Haus, egal, was Ahimelech gewusst oder gewollt hat! So Saul. So aber nicht die Männer des Königs. Sie weigern sich, Hand zu legen an die Priester. Im Jerusalemer Talmud ist zu lesen, wie ein Rabbi diese Befehlsverweigerung, diese gleichsam selektive Kriegsdienstverweigerung (wenn es hier um einen Krieg ginge) erzählt: „Wer waren diese Knechte? Es waren Awner und

Amasa. Sie sagten zu Scha'ul: Hast du irgendeinen Anspruch uns gegenüber außer diesem Gürtel und dieser Uniform? Hier sind sie, vor dich hingeworfen!"[3] Dann bleibt Saul nur Doëg. Der muss jetzt ran. Und Doëg tötet, ermordet an diesem Tag 85 Männer, die den leinenen Priesterschurz tragen, danach dann noch die ganze Stadt Nob, Menschen und Tiere. Vielleicht sagt Doëg im Rückblick: Dass meine Worte diese Folgen haben würden, das habe ich nicht gewusst, das habe ich nicht gewollt.

4. Vers 10: „Ich aber bin im Haus Gottes wie ein grünender Ölbaum; auf Gottes Huld vertraue ich immer und ewig." Bleiben werden die, die auf Gottes Güte und Gemeinschaftstreue setzen und im Bund mit Gott Recht üben, Güte lieben und demütig-aufmerksam unterwegs sind mit Gott. Reichtum und Macht schaffen keine Sicherheit, sie sind trügerisch; betrogen ist, wer darauf baut. Sicherheit (hebräisch *bätach*) schenkt Gott denen, die ihm vertrauen (hebräisch *batach*). So gesehen ist die Sicherheitsfrage immer eine „Vertrauensfrage", eine Gottesfrage, eine Frage gestellt von Gott. Spricht hier noch David? David mit dem Schwert Goliaths, des Mannes, zu dem er gesagt hat, damals: Du kommst zu mir mit Schwert, Lanze und Spieß, ich aber komme zu dir im Namen des Herrn? Kann David das Schwert Goliaths anders gebrauchen als Goliath – z. B. zum Schutz derer, die sich um ihn sammeln, allerlei Männer, die in Not und Schulden und verbitterten Herzens waren (1. Sam 22,2) –, dazuhin im Namen des Herrn? Schwierig. Gott ein Haus bauen darf David bis zuletzt nicht, denn er ist ein Mann des Krieges.

Was lehrt uns diese Unterweisung Davids, was können wir aus der Geschichte Doëgs lernen? Mehr als die folgenden Sätze, aber damit will ich zusammenfassen, was ich lernen möchte:

---

[3] Der Jerusalemer Talmud. Sieben ausgewählte Kapitel. Übersetzt, kommentiert und eingeleitet von Hans-Jürgen Becker, Reclam TB 1995, S. 251.

1. Manch einer und manches heißt nur stark.
2. Manchmal muss man sich entscheiden.
3. Wissen allein reicht nicht.
4. Die Sicherheitsfrage ist nicht zuerst eine Sicherheitsfrage.

Diesen letzten Satz will ich verdeutlichen durch ein Zitat aus Erhard Epplers Buch „Die tödliche Utopie der Sicherheit" von 1983, das noch immer bzw. leider wieder aktuell ist: „Der Glaube hat etwas damit zu tun, ob die Gewissheit der Gotteskindschaft ausreicht, einem Sicherheitsstreben abzusagen, das sich darin ausdrückt, dass Millionen Menschen mit dem Tode bedroht werden (…) Gehört nicht Sicherheit, das, was Menschen an – relativer – Sicherheit zukommt, zu dem, was ihnen ‚zufällt', wenn sie nach Anderem, Wichtigerem trachten?"[4]

---

[4] Zitiert nach Rolf Wischnath (Hrsg.), Frieden als Bekenntnisfrage, Gütersloh 1984, 2. Aufl., S. 159.

Ullrich Hahn

Ein Psalm Davids

der keine Steine auf Menschen warf
und deshalb auf den Königsthron verzichtete

Herr, ich weiß, dass Du Dich über einen, der umkehrt, mehr freust als über 99 Gerechte:
- den General, der nach Erreichen seiner üppigen Pension endlich merkt, was er anzurichten bereit gewesen ist;
- den Industriemanager, der mit einer großzügigen Abfindung aus dem Konzern aussteigt, nachdem ihm bewusst wurde, wohin das Gesetz des stetigen Wachstums führt;
- den Politiker, der – durch irgendeine Affäre aus der Bahn geworfen – endlich Zeit zum Denken hat und jetzt sein früheres Machtstreben und das der politischen Kaste mit deutlichen Worten anprangert.

Über alle freust nicht nur Du Dich, sondern auch eine große Öffentlichkeit: Die Bücher der Aus- und Umsteiger werden gelesen, sie selbst werden zu Vorträgen eingeladen und mit Preisen geehrt.

Herr, ich gestehe, dass ich tief in meinem Inneren ärgerlich bin über
die Wertschätzung der verlorenen Söhne, die Dein Vermögen (und das der Mitmenschen) verprasst haben, bevor sie klug wurden,
die dafür belohnt werden, dass sie aufhören Steine zu werfen,
die auf die Königswürde erst dann verzichten, wenn sie sie ausgekostet haben, und für diese Demut neue Ehren empfangen.

Herr, ich weiß ja, dass wir froh sein müssen, wenn die Großen zwar spät, aber doch überhaupt zur Vernunft kommen,
aber verlangst Du uns, die wir Dir von Beginn an treu waren, nicht ein wenig zu viel Nachsicht ab?

Die Erkenntnisse des reuigen Generals hatte ich schon als junger Mensch zur Zeit meiner Kriegsdienstverweigerung.
Mit einem bescheidenen Lebensstil ohne Auto, Flugreisen und Luxusgüter begann ich schon, als die jetzigen Aussteiger ihren Konzernen nach allen Gesetzen der neoliberalen Marktwirtschaft noch zu immer höheren Profiten verhalfen.
Auf Macht und Karriere verzichtete ich schon, als ich beim Berufseinstieg den Treueeid verweigerte und wohlklingende Titel vermied.

Herr, ich hadere ein wenig mit meinem Schicksal, das ich doch selbst gewählt und nicht anders gewollt habe und auch noch immer so will.
Ich habe eben nicht Deine Größe,
Deine Sicht über der Zeit, mit der wir kommen und vergehen,
Deine Großzügigkeit mit denen, die in die Irre gehen und gegangen sind.

Ich hoffe deshalb auch um Nachsicht für mich, für meinen Groll, der dann und wann aufflackert, und den verborgenen Neid, der auch in mir lebendig ist und den Du mir eintauschen willst in einen Anteil an Deiner Freude an allem, was lebt.

Amen.

Joachim Garstecki

Vom Karmel zum Horeb
oder:
Die Konversion des Elia

(1. Könige 19,1-13a)

[1] Und Ahab sagte Isebel alles, was Elia getan hatte und wie er alle Propheten Baals mit dem Schwert umgebracht hatte. [2] Da sandte Isebel einen Boten zu Elia und ließ ihm sagen: Die Götter sollen mir dies und das tun, wenn ich nicht morgen um diese Zeit dir tue, wie du diesen getan hast! [3] Da fürchtete er sich, machte sich auf und lief um sein Leben und kam nach Beerscheba in Juda und ließ seinen Diener dort. [4] Er aber ging hin in die Wüste eine Tagereise weit und kam und setzte sich unter einen Wacholder und wünschte sich zu sterben und sprach: Es ist genug, so nimm nun, HERR, meine Seele; ich bin nicht besser als meine Väter. [5] Und er legte sich hin und schlief unter dem Wacholder. Und siehe, ein Engel rührte ihn an und sprach zu ihm: Steh auf und iss! [6] Und er sah sich um, und siehe, zu seinen Häupten lag ein geröstetes Brot und ein Krug mit Wasser. Und als er gegessen und getrunken hatte, legte er sich wieder schlafen. [7] Und der Engel des HERRN kam zum zweiten Mal wieder und rührte ihn an und sprach: Steh auf und iss! Denn du hast einen weiten Weg vor dir. [8] Und er stand auf und aß und trank und ging durch die Kraft der Speise vierzig Tage und vierzig Nächte bis zum Berg Gottes, dem Horeb. [9] Und er kam dort in eine Höhle und blieb dort über Nacht. Und siehe, das Wort des HERRN kam zu ihm: Was machst du hier, Elia? [10] Er sprach: Ich habe geeifert für

den HERRN, den Gott Zebaoth; denn Israel hat deinen Bund verlassen und deine Altäre zerbrochen und deine Propheten mit dem Schwert getötet und ich bin allein übrig geblieben, und sie trachten danach, dass sie mir mein Leben nehmen. ¹¹ Der Herr sprach: Geh heraus und tritt hin auf den Berg vor den HERRN! Und siehe, der HERR wird vorübergehen. Und ein großer, starker Wind, der die Berge zerriss und die Felsen zerbrach, kam vor dem HERRN her; der HERR aber war nicht im Winde. Nach dem Wind aber kam ein Erdbeben; aber der HERR war nicht im Erdbeben. ¹² Und nach dem Erdbeben kam ein Feuer; aber der HERR war nicht im Feuer. Und nach dem Feuer kam ein stilles, sanftes Sausen. ¹³ Als das Elia hörte, verhüllte er sein Antlitz mit seinem Mantel und ging hinaus und trat in den Eingang der Höhle.
(1. Könige 19,1-13a nach Luther)

Der Text erzählt uns eine Konversions-Geschichte: Weg von der Praxis der Gewalt, hin zum behutsamen Weg der Gewaltfreiheit.

Was war passiert? Im Eifer für den Bund Gottes mit seinem Volk Israel hatte der Prophet Elia ein Blutbad unter den Propheten des Baal angerichtet. Die hatten die Israeliten zum Baals-Kult verführt. Gegen sie erwirkt Elia auf dem Berge Karmel ein Gottesurteil: Während Elias Opfer von Gott erhört wird und verbrennt, erweist sich der Gott der Baals-Propheten als wirkungslos. „Es war da keine Stimme noch Antwort. Und sie hinkten um den Altar, den sie gemacht hatten." (1. Kön 18,26) Baal bleibt stumm. So überzeugt Elia das abtrünnige Volk und führt es zum wahren Gott Israels zurück. In einer grausamen Strafaktion tötet Elia alle 450 Baals-Propheten. Seine Widersacher trachten ihm nach dem Leben, und er flüchtet in die Wüste.

Das ist die Geschichte, die unserer Erzählung vorausgeht. Doch Elia sitzt in der Wüste nicht allein deshalb unter einem Wacholderbusch, weil er verfolgt wird und weil er müde oder erschöpft ist. Vielmehr erfüllt eine große Leere sein Herz. Ihm wird klar, dass er seinem Herrn, dem Gott Israels, mit seiner Bluttat an den Baals-Propheten keinen Gefallen getan, ihm keine Ehre erwiesen hat. Er hat nur den ewigen Kreislauf der Gewalt fortgesetzt, hat die zerstörerische Spirale der Vergeltung auf die Spitze getrieben, die ihn nun selbst bedroht. „Es ist genug. So nimm nun, Herr, meine Seele, ich bin nicht besser als meine Väter." Der Prophet Elia entdeckt die Perspektivlosigkeit der Gewalt. Unter dieser Erkenntnis bricht er zusammen.

Er flieht in den Schlaf, doch dort wartet schon der Engel Gottes, der ihn stärkt mit Wasser und Brot. Er macht Elia klar, dass Gott noch etwas mit ihm vorhat, etwas Anderes, etwas Neues von ihm erwartet: „Steh auf und iss! Denn du hast einen weiten Weg vor dir." Und dann der wunderbare Satz, der die Konversion des Elia – weg von der Gewalttradition der Väter, hin zu Gottes unaufdringlicher Art, die Welt zu verändern – einleitet: „Und er stand auf, und aß und trank und ging durch die Kraft der Speise vierzig Tage und vierzig Nächte bis zum Berg Gottes, dem Horeb."

Am Horeb, vor der Höhle, in der Elia sich versteckt hält, offenbart sich Jahwe als der ganz andere Gott. Als jemand, der alles Gewaltige, Bombastische, Allmächtige, Großartige abgelegt hat. Der Herr „war nicht im Wind", „nicht im Erdbeben", „nicht im Feuer". „Und nach dem Feuer kam ein stilles, sanftes Sausen" (Martin Luther), „ein leises sanftes Säuseln" (Jerusalemer Bibel), „eine Stimme verschwebenden Schweigens" (Martin Buber). Das ist eine Selbstinszenierung Gottes, die Elia mit der leisen, sanften, zärtlichen, zurückhaltenden Seite Gottes bekannt machen will. Er „verhüllte sein Antlitz mit seinem Mantel und ging hinaus und trat in den Eingang der Höhle". Er hört und versteht.

Die Konversion des Elia vom eifernden, gewalttrunkenen Gotteskrieger zum Zeugen eines Gottes, der die Menschen durch seine schweigende Gegenwart, seine stille Nähe, seine gewinnende Sanftheit, seine zurückhaltende Bescheidenheit „überwältigen" will, ist eines der großen, ermutigenden Beispiele von Gewaltüberwindung in der Bibel. Zu solcher Gewaltüberwindung will uns der Gott Abrahams, Isaaks, Jakobs, der Gott des Jesus von Nazareth anstiften. Gott selber macht uns vor, wie Gewalt-Überwindung gehen kann. Es ist die zarteste Versuchung, die auf dem „Weg des Friedens" (Lukas 1,79) auf uns wartet.

Friedhelm Schneider

Odeds prophetischer Protest
oder:
Von Kriegsschuld und Wiedergutmachung

(2. Chronik 28,1-15)

Eine wenig bekannte, doch sehr bemerkenswerte Gestalt der Bibel ist der Prophet Oded aus Samaria. Der alttestamentliche Abschnitt, der von Oded berichtet, kommt in der Reihe der sonntäglichen Predigttexte leider nicht vor. Es handelt sich dabei um eine relativ spät formulierte Passage aus dem chronistischen Geschichtswerk. Der Text steht also im Zusammenhang jener groß angelegten Geschichtsschau, die nach der Heimkehr der Israeliten aus dem Exil rückblickend verfasst wurde. Kontext der Episode ist der syrisch-ephraimitische Krieg. Ahas, König von Juda, will sich lieber dem mächtigen Assyrien unterwerfen als mit dessen Feinden Israel und Syrien eine Koalition einzugehen. Im Kampf gegen die vereinte Streitmacht von Israel und Syrien erleidet das Heer von Juda eine vernichtende Niederlage. Natürlich ist die historische Situation im alten Orient grundlegend verschieden von der heutigen Weltlage nach den Kriegen in Irak, Syrien und Afghanistan. Dennoch sind punktuelle Ähnlichkeiten erkennbar.

[1] *Ahas war zwanzig Jahre alt, als er König wurde, und regierte sechzehn Jahre in Jerusalem. Er tat nicht, wie sein Vater David, was*

dem Herrn gefiel, ² sondern er folgte den Wegen der Könige von Israel. Auch ließ er Gussbilder für die Baale anfertigen, ³ opferte im Tal Ben-Hinnom, verbrannte seine Söhne im Feuer und ahmte so die Gräuel der Völker nach, die der Herr vor den Augen der Israeliten vertrieben hatte. ⁴ Auf den Kulthöhen und Hügeln und unter jedem üppigen Baum brachte er Schlacht- und Rauchopfer dar. ⁵ Darum gab ihn der Herr, sein Gott, in die Hand des Königs der Aramäer. Sie schlugen ihn, führten ihm viele Gefangene weg und brachten sie nach Damaskus. Ebenso geriet er in die Hand des Königs von Israel. Pekach, der Sohn Remaljas, bereitete ihm eine schwere Niederlage. ⁶ Er erschlug an einem Tag in Juda hundertzwanzigtausend Mann, lauter tapfere Krieger, da sie den Herrn, den Gott ihrer Väter, verlassen hatten. (...) ⁸ Die Israeliten führten von ihren Stammesbrüdern zweihunderttausend Frauen, Söhne und Töchter als Gefangene weg, machten bei ihnen auch reiche Beute und brachten sie nach Samaria. ⁹ Dort lebte ein Prophet des Herrn namens Oded. Dieser ging dem Heer entgegen, das nach Samaria zurückkehrte, und hielt ihm vor: Seht, weil der Herr, der Gott eurer Väter, über Juda erzürnt war, hat er sie in eure Hand gegeben. Ihr habt unter ihnen mit einer Wut gemordet, die zum Himmel schreit. ¹⁰ Jetzt wollt ihr euch Leute aus Juda und Jerusalem als Knechte und Mägde untertan machen. Steht denn nicht ihr gerade in Schuld vor dem Herr, eurem Gott? ¹¹ Hört daher jetzt auf mich! Gebt die Gefangenen zurück, die ihr von euren Stammesbrüdern weggeführt habt. Es würde sonst der glühende Zorn des Herrn euch treffen. ¹² Darauf traten einige von den Häuptern der Efraimiter (...) zu den Heimkehrern vom Feldzug hin, ¹³ redeten mit ihnen und sagten: Bringt die Gefangenen nicht hierher! Schon liegt eine Schuld vor dem Herrn auf uns, und ihr wollt unsere Sünde und Schuld noch vermehren. Ist doch unsere Schuld schon groß genug, und der glühende Zorn des Herrn lastet auf Israel. ¹⁴ Daraufhin gaben die bewaffneten Krieger in Gegenwart der Obersten und der ganzen Versammlung die Gefangenen und die Beute frei. ¹⁵ Männer, die namentlich dazu bestimmt waren, gingen hin und nahmen sich der Gefangenen an. Sie bekleideten alle, die nackt waren, aus der Beute und versahen sie mit

Gewändern und Schuhen. Sie gaben ihnen zu essen und zu trinken, salbten die Schwachen unter ihnen und setzten sie auf Esel. So brachten sie die Gefangenen in die Palmenstadt Jericho in die Nähe ihrer Stammesbrüder. Sie selbst kehrten nach Samaria zurück.
(2. Chr 28,1-15)

Jubel, patriotischen Dank und religiösen Zuspruch: das ist es, was die siegreichen Heimkehrer aus einer gewonnenen Schlacht üblicherweise erwarten können. Von diesem Denkhorizont unterscheidet sich gründlich, was der Prophet Oded dem nach Samaria zurückkehrenden Heer Israels entgegenhält. Denn Oded durchkreuzt das religiöse Deutungsmonopol der Sieger. Er macht deutlich: Aus dem Ausgang des Krieges lassen sich keine Folgerungen auf Gottes Parteinahme ziehen. „Wir haben gesiegt, also war Gott mit uns": Dieser Rückschluss ist falsch, auch wenn er nicht zuletzt in unserer Vergangenheit immer wieder kriegslegitimierend in Szene gesetzt wurde.

So reimte z. B. 1870 der Evangelische Kirchenbote der Pfalz nach dem deutschen Sieg über die französischen Truppen: (Victoria!)

Das ist fürwahr vom Herrn gescheh'n,
Ein Wunder Seiner Gnad',
Anbetend stehen wir und seh'n,
Was Gott der Herr uns that.

Er führt das Heer von Sieg zu Sieg,
Und schlägt den Feind auf's Haupt;
Fürwahr! Ein wunderbarer Krieg!
O betet an und glaubt!

Und ein vielfach verwendetes Predigtmotiv war 1871 die Aussage: „Gerechtigkeit erhöht ein Volk, aber die Sünde ist der Leute Verderben. Das Letztere sehen wir jetzt an Frankreich, das Erstere an uns." Heute wissen wir: Nein, so darf man Gottes Wort nicht zurechtbiegen.

Gegen die überhebliche Inanspruchnahme Gottes durch die militärischen Sieger hat zu seiner Zeit schon der Prophet Oded Einspruch erhoben und zum Ausdruck gebracht: Gott ist nicht der Erfüllungsgehilfe einer Siegerlogik, die eigene Schuldanteile negiert und auf den militärischen Gegner abwälzt.

Aus historischer Sicht begann damals in Israel alles als politisch motivierte Strafaktion gegen einen militärischen Bündnisverweigerer. In seiner theologischen Perspektive beschreibt der Chronist eine religiös-humanitäre Intervention, die sich besonders gegen das kultische Hinrichten von Kindern wandte. Die Militäraktion der syrisch-israelitischen Koalition erschien ihm zunächst einmal gerechtfertigt als Strafgericht über die heidnisch-lebensfeindliche Menschenopferpraxis in Juda. Adressat dieser Strafexpedition war Ahas, der sogar seine eigenen Söhne als Opfer verbrennen ließ. Im Visier der israelitischen Truppen erschien Ahas als der Typus des Schurkenpolitikers, der religiöse Tabus gebrochen und schlimme Menschenrechtsverletzungen begangen hat. Doch die Fortsetzung der Politik mit kriegerischen Mitteln hatte eine Eigendynamik entwickelt, die sich nicht aufhalten ließ. Der nüchtern kalkulierte Waffengang endete im Blutrausch als ein unbeschreibliches Gemetzel, das 120.000 Judäer das Leben kostete.

Auch in aktuellen Kriegsszenarien erweist sich die Rede von „chirurgischen Operationen" auf dem Schlachtfeld immer wieder als irreführend. Die beschönigende Illusion punktgenauer Militärschläge steht in erschreckendem Gegensatz zur hohen Zahl ziviler Opfer, die die Kriegsmaschinerie regelmäßig fordert, wenn sie erst einmal angelaufen ist. Den Militäraktionen der alliierten Truppen fielen im zweiten Irak-Krieg über 20.000 irakische Zivilisten zum Opfer (laut IPPNW), in Afghanistan waren es bis 2014 schätzungsweise bis zu 50.000 Menschen. Im amerikanischen Drohnenkrieg gegen den Terror in Pakistan und im Jemen starben durchschnittlich 28 unbeteiligte Zivilisten pro getötetem Terroristen (nach einem Bericht der Menschenrechtsorganisation *Reprieve*, 2014).

Offizielle Verlautbarungen sprechen dann zynisch von „Kollateralschäden", wenn sich das Ausmaß ziviler Todesopfer nicht länger verschweigen lässt.

Doch kehren wir zurück zum Propheten Oded. Als die siegreichen Truppen nach Samaria zurückkommen, muss Oded feststellen: *„Ihr aber habt mit einer solchen Wut drauflos gemordet, dass es zum Himmel schreit."* (Gute Nachricht Bibel) Die Interventionstruppen gegen die Menschenopferer sind selbst zu Menschenopferern geworden, die Militäraktion gegen die Unmenschlichkeit hat selbst die Unmenschlichkeit potenziert. Die Schuldfrage lässt sich nicht länger auf die gegnerische Seite der Kampfparteien begrenzen. Das Reich des Bösen beginnt auf beiden Seiten der Frontlinie.

„Wir haben geschwiegen, dass es zum Himmel schrie", schreibt die Dichterin Gertrud von Le Fort im Rückblick auf die Zeit des Dritten Reiches. „Wir", damit meint sie die schweigende Mehrheit der Christen in unserem Land. Morden, dass es zum Himmel schreit und schweigen, dass es zum Himmel schreit; sich aktiv an der Zerstörung von Leben beteiligen oder sie stillschweigend in Kauf nehmen: Beide Handlungsoptionen spiegeln eine Grundhaltung wider, die Gottes Liebe zum Leben entgegensteht.

Zu den beeindruckenden Erfahrungen des zweiten Irak-Krieges gehörte es, dass Christen und Kirchen sich weltweit zu Wort gemeldet haben. Schon im Vorfeld haben sie nicht geschwiegen, sondern in einzigartiger ökumenischer Gemeinsamkeit deutliche Worte gefunden. Bereits am 5. Februar 2003 haben Kirchenführer aus Europa, den USA und dem Nahen Osten gemeinsam erklärt:

„Ein Krieg hätte unannehmbare Folgen für die Situation der Menschen, u. a. die Entwurzelung von großen Teilen der Bevölkerung, den Zusammenbruch staatlicher Funktionen, die Gefahr von Bürgerkrieg und Destabilisierung der ganzen Region. Das Leiden irakischer Kinder und der unnötige Tod hunderttausender Iraker

während der letzten zwölf Jahre der Sanktionen lasten schwer auf unseren Herzen (...)
Außerdem warnen wir vor den möglichen sozialen, kulturellen und religiösen, aber auch diplomatischen Langzeitfolgen eines solchen Krieges. Weiteres Öl in das Feuer der Gewalt zu gießen, das die Region bereits auffrisst, wird den Hass nur noch weiter anfachen, indem extremistische Ideologien gestärkt und weitere globale Instabilität und Unsicherheit genährt werden. (...)
Es ist für uns eine geistliche Verpflichtung, die sich auf Gottes Liebe zur ganzen Menschheit gründet, uns gegen den Krieg im Irak zu stellen."

Leider hat diese gemeinsame Stimme der christlichen Kirchen nicht zu einem politischen Umdenken geführt. Im Nahen Osten ist eingetreten, wovor eindringlich gewarnt worden war: die Destabilisierung der ganzen Region. In den aktuellen Gewaltkonflikten der Nach-Afghanistan-Ära sind kirchliche Aussagen von derartiger Eindeutigkeit in der Minderheit geblieben. Umso mehr sollten wir alles daran setzen, dass wir nach den langwierigen friedensethischen Auseinandersetzungen der letzten Jahrzehnte nicht mehr hinter den ökumenischen Konsens „Nein zum Krieg" und „Vorrang der Gewaltfreiheit" zurückfallen. Dazu gehört auch, dass wir uns der verbreiteten Tendenz verweigern, vorschnell die Denkfigur der „ultima ratio" kriegslegitimierend ins Spiel zu bringen.

„Ihr habt mit einer solchen Wut drauflos gemordet, dass es zum Himmel schreit." Oded nennt die Kriegsfolgen beim Namen, ohne etwas zu beschönigen. Es gibt keine Ausflüchte, keinen entschuldigenden Hinweis auf Sachzwänge, kein „Wo gehobelt wird, da fallen Späne …". Vor mehr als 60 Jahren hat Albert Schweitzer betont, es sei eine Illusion zu glauben, man könne den Krieg dauerhaft humanisieren oder zivilisieren. Ob Bombenangriffe auf Unschuldige oder Misshandlung von Frauen und Kindern – in Kriegszeiten sind massive Menschenrechtsverletzungen an der Tagesordnung. Sie

sind mehr als nur ein gelegentlicher Ausrutscher oder menschliches Versagen. Im Kampf gegen das „Reich des Bösen" gibt es kein „fair play". Die Missachtung von Menschenrechten ist struktureller Bestandteil des Kriegsgeschehens. Weil dies so ist, ist es eine unverzichtbare Aufgabe christlicher Friedensarbeit, jeder Gewöhnung an den Krieg entgegenzutreten – in der Erziehung unserer Kinder, in unserer Wachsamkeit als Bürgerinnen und Bürger.

„Was hast du getan? Die Stimme des Blutes deines Bruders schreit zu mir von der Erde." (1. Mose 4,10) So fragt Gott den Kain, bevor er den Brudermörder für seine Tat zur Verantwortung zieht. Odeds Anklage scheint auf diese Szene am Anfang der Bibel anzuspielen. Dort wird zum Ausdruck gebracht, dass der Brudermord Kains in den Bereich des Menschenmöglichen gehört; zur Zeit Odeds ist der kollektive Brudermord der israelitischen Stämme untereinander längst blutige Realität.

Als gottgefälliger Ausweg aus dieser Schuldverflechtung von Kriegstätern und -opfern bleibt einzig ein Handeln, das die Kriegsfolgen zugunsten der Opfer weitestgehend rückgängig macht – von der Freilassung der Gefangenen bis zu Rückerstattung der Kriegsbeute. Es gelingt Oded, die Israeliten weg von ihrer Siegerlogik hin zur Perspektive der Opfer zu bringen. Der Prophet kann seinen Gesprächspartnern die Erkenntnis vermitteln, dass die Sichtweise Gottes nicht in der Durchsetzung vermeintlicher Siegerrechte, sondern in der Verantwortung für die Opfer zum Ausdruck kommt. So kann es geschehen, dass die Gefangenen freigelassen und, mit dem Lebensnotwendigen versehen, nach Hause geleitet werden.

Für die überlebenden Opfer heißt Wiedergutmachung die wirkliche oder wenigstens symbolische Heilung der ihnen angetanen Schäden, soweit dies menschenmöglich ist.

Für die Täter setzt Wiedergutmachung voraus, dass sie und ihre Nachfolger Abstand gewinnen von der Mentalität der Kriegsgewinnler, dass sie heraustreten aus dem Schatten der Kriegsprofiteure hinein ins Licht neuer, lebensfreundlicher Beziehungen.

Im Horizont der Oded-Episode wird das Bemühen um Konfliktnachsorge als zugleich kriegspräventives Handeln sichtbar. Die Wiedergutmachung dessen, was wiedergutgemacht werden kann, erscheint als materielle und psychohygienische Form einer notwendigen Konfliktbearbeitung. Diese Konfliktnachsorge eröffnet Zukunft, indem sie zugleich Trauerarbeit und Schuldeinsicht fördert. Dass die Hinwendung zum Trauma der Opfer zugleich eine heilende Wirkung für die Wunden der Täter hat, betont Dave Robinson, der nationale Koordinator von Pax Christi USA. Ich zitiere aus seiner New Yorker Rede vom August 2003, in der er den enormen Kriegsausgaben der USA die sozialen Nöte des Landes gegenüberstellte:

„Ich sage euch, liebe Freundinnen und Freunde, diese Wunde unseres Landes wächst seit dem 11. September, die Infektion wird schlimmer und vertieft sich täglich weiter. Und unser Land fährt fort, sich selbst krank zu machen und den Rest der Welt dazu – durch ihren Rückgriff auf die Gewalt, durch ihr Anbeten des Krieges.

Aber, ihr Lieben, wir wissen es doch besser. Lasst die frei, die gefesselt sind – und eure Wunde wird schnell geheilt sein. Lasst die Unterdrückten frei – und eure Wunde wird schnell geheilt sein. Teilt euer Brot mit den Hungrigen – und eure Wunde wird schnell geheilt sein. Schützt die Unterdrückten und Obdachlosen – und eure Wunde wird schnell geheilt sein.

Die Ethik unserer Regierung ist nicht die Ethik unserer Glaubenstradition. Eine Ethik, die all ihre Antworten in Gewalt findet, ist nicht die Ethik Jesu."

Dave Robinsons Rede hat im 15. Jahr nach „Nine Eleven" nichts von ihrer Aktualität verloren. Im Eintreten für die Opfer von Gewalt, in der vorrangigen Option für die „arm Gemachten" berühren sich die Ethik Jesu und die mahnende Stimme Odeds. Beide räumen einem Handeln höchste Priorität ein, das die Lebensfreundlichkeit Gottes widerspiegelt: das die Nackten bekleidet, die Hungernden speist, den Durstigen zu trinken gibt, die Gefangenen befreit (vgl. Mt 25).

Der Bericht vom Auftreten des Propheten Oded ist es wert, neue Aufmerksamkeit zu finden als jüdisch-christlicher Kerntext zum Thema „Gewaltminderung". Das Beispiel Odeds bleibt – geistlich und politisch – auf der Tagesordnung, solange Schwerter kriegerisch genutzt werden. Zugleich gehören Odeds deutliche Worte zu den Wegzeichen einer biblischen Kultur des Friedens. Sie eröffnen den Ausblick auf die umfassendere Vision „Schwerter zu Pflugscharen" und unterstreichen die alte biblische Empfehlung: „Sei nicht neidisch auf den Gewalttätigen und erwähle seiner Wege keinen!" (Spr 3,31)

Lothar Elsner

Gerechtigkeit und Frieden
oder:
Küssen oder Kämpfen?

(Psalm 85,9-14)

⁹ *Ich will hören, was Gott redet,*
JHWH (der Ewige), fürwahr, redet Frieden
zu seinem Volk und zu seinen Getreuen,
doch sie sollen nicht zurückkehren zur Torheit.
¹⁰ *Wahrlich, nahe ist denen, die ihn fürchten, sein Heil,*
dass die Herrlichkeit wohne in unserem Land.
¹¹ *Güte und Wahrheit sind sich begegnet!*
Gerechtigkeit und Frieden haben sich geküsst / bekämpft.
¹² *Wahrheit sprosst aus der Erde hervor,*
und Gerechtigkeit schaut hernieder vom Himmel.
¹³ *Ja, JHWH (der Ewige) gibt Gutes,*
und unser Land gibt seinen Ertrag.
¹⁴ *Gerechtigkeit geht vor seinem Angesicht her.*
und Frieden folgt dem Weg seiner Schritte.

(Psalm 85,9-14 in der Übersetzung von Erich Zenger: Psalmen, Freiburg 2011, Bd. II, S. 546)

Küssen oder Kämpfen – das Verhältnis der vier Grundwerte

Das Überraschendste an dieser Übersetzung ist für mich: „Küssen oder Kämpfen"? Die Übersetzung der hebräischen Verbform „naschaqu" kann sowohl von der Grundform des Verbs „Küssen" als auch des Verbs „Kämpfen" abgeleitet werden. Die neueren Kommentare stimmen mit dem Alttestamentler Jürgen Ebach überein, dass sich die Frage „Küssen oder Kämpfen" nicht eindeutig entscheiden lässt.[1]

Wenn es sich aus dem Wort selbst nicht klären lässt, schauen wir auf den Inhalt des ganzen Verses 11. Wer soll sich da küssen oder kämpfen?

Güte und Wahrheit sind sich begegnet!
Gerechtigkeit und Frieden haben sich geküsst / bekämpft.

Vier Grundwerte werden genannt, die das kommende Heil prägen. Paarweise wird von ihnen gesprochen: Güte und Wahrheit treffen sich, Frieden und Gerechtigkeit küssen oder bekämpfen sich. Auch das hebräische Verb „treffen" für die Begegnung zwischen Güte und Wahrheit ist für beide Bedeutungsrichtungen offen, ein positiv-freundliches oder ein negativ-aggressives Treffen. Diese Verbform wird beim Treffen, um zu töten, genauso verwendet, wie beim Treffen, um sich zu küssen.

Weil auch beim Blick auf den ganzen Vers beide Bedeutungen, küssen und kämpfen, möglich bleiben, sollen wir wohl beides lesen und hören als Gottes Wort: Dass Frieden und Gerechtigkeit gegeneinander kämpfen und dass sie sich küssen.

Diese Mehrdeutigkeit trifft sich mit einer zweiten Mehrdeutigkeit. Als Zeitform der Verben in diesem Teil des Psalms kann die

---

[1] Jürgen Ebach: „Gerechtigkeit und Frieden küssen sich" oder: „Gerechtigkeit und Frieden kämpfen", in: Ders.: Theologische Reden, Bd. 5, Vielfalt ohne Beliebigkeit, Bochum 2002, S. 57 ff.

Vergangenheit gelesen werden „sie haben sich geküsst". Genauso ist aber die prophetische Perfektform möglich, die ein zukünftiges Geschehen als Gegenwart erblickt, „dass Gerechtigkeit und Frieden sich küssen" im Sinne von „sich küssen werden"!

In diesem Vers werden wir offenbar auf jene Realität hingewiesen, in der Gerechtigkeit und Frieden noch miteinander kämpfen, und zugleich wird uns verheißen, dass sie sich küssen werden oder sogar schon damit begonnen haben.

Was bedeutet das für uns?

Wie kann aus dem Kämpfen ein Küssen werden?

1. Es gibt Konflikte, bei denen ein Grundwert verletzt werden muss

Als erstes lerne ich daraus, dass Gerechtigkeit, Frieden und Bewahrung der Schöpfung und auch Wahrheit und Liebe nicht so leicht gemeinsam verwirklicht werden können. Wir werden mit dieser Übersetzungsmöglichkeit darauf hingewiesen, dass es Konflikte gibt, bei denen diese Grundwerte im Streit und Kampf miteinander liegen und evtl. einer verletzt werden muss.

Dietrich Bonhoeffer hat dazu folgendes Beispiel geschildert: Ein Lehrer fragt ein Kind vor der Klasse, ob sein Vater gestern wieder betrunken war. Das Kind verneint, obwohl der Vater wirklich wieder betrunken war. Bonhoeffer sieht das Kind im Recht und den Lehrer im Unrecht. Die Wahrheit werde durch die Frage verletzt, nicht durch die Antwort des Kindes.[2]

Es ist klar, das Gebot zur Wahrhaftigkeit wird durch die Lüge des Kindes nicht aufgehoben. Aber es ist auch klar, dass der Lehrer unverantwortlich handelt, weil er das Kind zwingt, den Vater bloßzustellen oder zu lügen. Das Kind handelt richtig, frei und verantwortlich, indem es lügt und das Gebot übertritt.

---

2 Dietrich Bonhoeffer: Ethik, Hg. Eberhard Bethge, München 1949, S. 286.

Eine Frage, mit der sich Bonhoeffer in entsprechender Weise auseinander gesetzt hat, ist die Rechtfertigung des Tyrannenmordes. Er hat sich selbst an der Vorbereitung des Attentats auf Hitler beteiligt. Heute stellt sich eine andere Frage in ähnlicher Weise: Darf für den Schutz der Menschenrechte getötet werden? Darf Krieg geführt werden für Gerechtigkeit? Oder muss umgekehrt die gravierende Verletzung von Menschenrechten um des Friedens willen geduldet werden? Können und müssen wir als Kirche den Pazifismus zur Regel ohne Ausnahme erheben, oder können wir Gewalt gegen Diktatoren rechtfertigen?

Wie ist das Verhältnis von Frieden und Gerechtigkeit?
Gerne würde ich einfach in diese Aussage einstimmen: Gerechtigkeit und Frieden haben sich geküsst! Und es stimmt ja, nur eng zusammen können diese beiden, Frieden und Gerechtigkeit, verwirklicht werden. Doch es gibt Situationen, in denen diese Grundwerte kämpfen und noch nicht vereinbar sind. Oft ist da vorher vieles falsch gelaufen, viele Möglichkeiten gewaltloser Einflussnahme wurden verpasst. Aber das entbindet nicht von den schwierigen Entscheidungen in solch heillosen Situationen. Da ist verantwortliches Handeln gefragt, das in Ausnahmefällen auch einen Grundwert verletzt, z. B. die Wahrheit, die Gerechtigkeit oder die Gewaltlosigkeit. Aber dann darf es nicht Freude oder Genugtuung darüber geben, sondern bei aller Entschlossenheit das Wissen um Schuld und das Hoffen auf Vergebung. Das wäre bei der Tötung von Bin Laden die angemessene Reaktion gewesen und ist es bei der Unterstützung der Demokratiebewegungen in Nordafrika.

Ein Krieg ist nie gerecht, er verletzt und tötet Menschen, er untergräbt die Wahrheit und er weckt eher Rache als er Gerechtigkeit schafft. Es ist unsere Aufgabe, in einem Krieg das Bewusstsein wach zu halten, dass dieser Zustand eine Ausnahmesituation bleiben muss. Um all diese negativen Effekte zu überwinden, müssen wir auf die schnelle Beendigung drängen. Für Bonhoeffer war klar: auch ein Tyrannenmord bleibt ein Mord. „Wer in der Verantwortung

Schuld auf sich nimmt, der rechnet sich selbst und keinem anderen diese Schuld zu und steht für sie ein, verantwortet sie. ... Vor den anderen rechtfertigt der Mann (Mensch) der freien Verantwortung die Not, vor sich selbst spricht ihn sein Gewissen frei, aber vor Gott hofft er allein auf Gnade."[3]

Auch in den ökumenischen Versammlungen der letzten Jahrzehnte gab es ein Ringen zwischen den Grundwerten „Gerechtigkeit, Frieden und Bewahrung der Schöpfung". Nach dem Zweiten Weltkrieg hat in der ökumenischen Werteskala zweitweise die Gerechtigkeit den Platz vor dem Frieden eingenommen, weil die Schreie der Armen nach Leben und Gerechtigkeit die höchste Dringlichkeit hatten. Es wurden im Rahmen des Antirassismus-Programms sogar Widerstandsbewegungen unterstützt, die nicht nur gewaltfrei waren.

In den letzten Jahrzehnten wuchs die Bedeutung der Bewahrung der Schöpfung. Durch unser Wirtschaften drohen wir die Lebensgrundlagen auf der Erde zu verlieren, besonders durch den Umgang mit Energie. Langfristig sind Ökonomie und Ökologie nicht nur vereinbar, sondern aufeinander angewiesen. Und doch gibt es da kurzfristig eine Menge Konflikte. Um heute die Lebensbedingungen von Armen zu verbessern und Menschen kurzfristig zu mehr Gerechtigkeit zu helfen, werden manche Ressourcen überstrapaziert, Wald wird gerodet, Wasser und Luft werden verschmutzt.

Fragen wir den Psalm, ob es einen Vorrang zwischen den Grundwerten gibt. Wenn wir es statistisch betrachten, kommen Güte, Wahrheit und Frieden je zweimal im Psalm vor, und Gerechtigkeit dreimal. Das ist doch sehr ausgeglichen. Die Gerechtigkeit steht an erster Stelle, aber das Ziel ist der Schalom! Und der beinhaltet in der Bibel den Frieden auch mit der Schöpfung.

Auf dem Weg vom Kämpfen zum Küssen zwischen den Grundwerten halte ich fest: Es gibt noch immer Konflikte zwischen Güte

---

3 Dietrich Bonhoeffer: Ethik, DBW 6, München 1992, S. 283.

und Wahrheit, Gerechtigkeit, Frieden und Bewahrung der Schöpfung, bei denen einer dieser Werte verletzt wird. Aber das muss die Ausnahme bleiben, denn jede Verletzung eines dieser Werte bedeutet Unheil.

Und nun von der Ausnahme zur Regel!

2. Die Grundwerte sind nur in Verbindung realisierbar

Der Psalm hat, abgesehen von dem zweideutigen Vers, eine klare Grundtendenz: diese Grundwerte brauchen einander, ja sie sind nur in Verbindung realisierbar. Psalm 85 hebt diese Begegnungen hervor und verwendet dafür das schöne Bild des Kusses. Die Verbindung der Grundwerte wird immer wieder neu in den Blick genommen: Wahrheit sprosst aus der Erde hervor, und Gerechtigkeit schaut hernieder vom Himmel. Und der Psalm schließt mit der Verbindung von Gerechtigkeit, die vor Gott hergeht, und dem Frieden, der ihm folgt. Das zeigt, die vier Grundwerte sind keine Gegensätze. Vielmehr führt erst das Zusammenspiel, führen diese Begegnungen zum verheißenen Heil, dem verheißenen Schalom: Berührungen von Himmel und Erde.

Wie sehen diese Verbindungen aus?

Um die Wirklichkeit von Menschen zu erfassen, braucht die Wahrheit die Güte, den Blick der Liebe. Die Wahrheit der sachlich richtigen Aussage greift zu kurz. Vielleicht heißt es im Psalm deshalb, dass die Wahrheit aus der Erde hervor wächst; sie muss geerdet sein, gütige Wahrheit. Das bedeutet nicht, dass die Wahrheit dem Ausweichen vor dem Konflikt geopfert werden darf. Genauso bedarf es der wahrhaftigen Güte. Gerade die Güte ist in der Lage, die unangenehme Wahrheit zu sagen, weil sie den Menschen nicht zerstören will, sondern in seiner Fehlerhaftigkeit annimmt. So wie Paulus uns ermutigt, gegenüber uns selbst wahrhaftig zu sein (Römer 2,4): „Weißt du nicht, dass dich Gottes Güte zur Buße (also zur Wahrheit) leitet?"

Güte und Wahrheit können im Konflikt miteinander stehen und doch sind beide aufeinander angewiesen. In der gütigen Wahrheit und der wahrhaftigen Güte finden beide zueinander und zum Heil der Menschen.

Frieden braucht Gerechtigkeit, und Ungerechtigkeit bedroht den Frieden. Gewalt untergräbt Recht und Gerechtigkeit. Wir sehen, wie der Zusammenbruch und die Schwächung des Rechtsstaates in vielen Ländern die Privatisierung der Gewalt befördert. Wir können beobachten, wie die globalisierte Wirtschaft viele Lebensbereiche dominiert und Ungerechtigkeit und Gewalt provoziert. Frieden braucht Gerechtigkeit, und die Verwirklichung von Recht und Gerechtigkeit braucht den Frieden. Die Regel also wird sein, dass Frieden und Gerechtigkeit sich schon jetzt in den Armen liegen und nur zusammen zu haben sind.

Heute sehen wir immer deutlicher, wie ökologische Schäden zu Kriegen um Ressourcen führen und zur Verschärfung von Armut und Ungerechtigkeit beitragen. Denn es sind wieder die Armen, die als erste und am meisten unter den Folgen der Umweltzerstörung leiden müssen, sei es, weil sie gesundheitsgefährdende Arbeitsplätze haben, sei es, weil sie dort wohnen (müssen), wo die giftigen Abwässer hingeleitet werden, sei es, weil sie Überschwemmungen und Wirbelstürmen am schutzlosesten ausgeliefert sind. Bewahrung der Schöpfung, Gerechtigkeit und Frieden sind nur gemeinsam zu verwirklichen. Dass Frieden und Gerechtigkeit sich küssen, ist und bleibt ein schönes Bild für diesen engen Zusammenhang.

3. Umfassender Schalom ist die Antwort auf die Bitte um das Heil

Diese Grundwerte werden im Psalm nicht als politisches Programm verkündet, sondern sie sind Teil der uns zugesprochenen Verheißung. Sie sind Teil der Antwort auf die Klage von uns Menschen auf alles Unheil, das uns bedrängt. Hören wir noch einmal: *"Gott, der Ewige, der HERR, sagt Frieden, Schalom ... Wahrlich, nahe ist sein Heil ... Güte und Wahrheit begegnen sich, Gerechtigkeit und Frieden küssen sich."*

Hier geht es nicht um ein vielleicht gerade aktuelles Thema einer Unterkommission der Kirche, sondern es geht ums Ganze, um das Heil. Hier wird das Ziel von Gottes Mission beschrieben. Das Ziel ist der Frieden, der Schalom für Israel, für seine Getreuen, für den ganzen Erdkreis – gleichbedeutend mit dem umfassenden Heil.

Wenn wir diese Worte hören und bedenken, erinnert uns das daran, dass nicht wir als Kirche das Ziel der Mission Gottes sind, sondern dass wir als Kirche die Gemeinschaft sind, die mit Gott unterwegs ist in dieser viel umfassenderen Mission. Diese Verheißung, diese Vision, dieses Ziel sollten wir bei aller unserer Arbeit im Blick behalten: den Schalom, wenn Frieden und Gerechtigkeit sich küssen.

Unsere kirchlichen Ziele sind oft nicht zu groß, sondern zu klein – die Steigerung der Finanzen, das Gemeindewachstum, Jugendliche und Senioren gemeinsam in der Gemeinde. All das sind nicht zu große Ziele, sondern noch viel zu kleine.

„Wir träumen von dem gelobten Land und bauen die neue Stadt ..." heißt es in dem von mir geliebten Chorlied, dass ich das erste Mal bei unserer Hochzeit gehört habe, sozusagen vor dem Kuss.[4] In die Sehnsucht, das Ringen, den Kampf um Gerechtigkeit und Frieden in der Welt haben wir mit diesem Psalm die Transzendenz, den Horizont Gottes, einzubringen. Wir geben der Welt Zeugnis, dass Frieden und Gerechtigkeit zwar noch manchmal kämpfen, aber es dabei nicht bleibt und bleiben muss, sondern Frieden und Gerechtigkeit sich küssen werden, schon bald.

Krieg, Armut und Zerstörung sind zwar Realität, aber sie dürfen nicht zur Norm werden, an der wir uns orientieren. Sie sind nicht das Ende der Geschichte. Wir müssen nicht die Wirklichkeit schön reden und so tun, als ob schon alles gut ist. Wir dürfen klagen wie

---

[4] Text: Barbara Cratzius 1980; Melodie und Satz: Rolf Schweizer 1981/1982.

im Psalm und uns an Gottes Verheißung aufrichten. Wir müssen das Reich Gottes auch nicht kleinreden zu „ein bisschen Frieden". Dieser Psalm hilft mir, die Spannung offen zu halten zwischen dem Leiden an Ungerechtigkeit, Krieg und Zerstörung, und dem Hoffen auf das Reich Gottes. Der Psalm hält die Spannung – nicht nur zwischen Küssen und Kämpfen, sondern auch zwischen der Erinnerung an Gottes Handeln, der oft bedrängenden Gegenwart und den großen Verheißungen. Mit diesem Psalm brauchen wir die Vergangenheit nicht verklären, die Gegenwart nicht beschönigen, auf die Zukunft nicht vertrösten. Frieden, Schalom ist unsere Zukunftsperspektive, und nicht der Kampf jeder gegen jeden oder die Angst vor einem „Kampf der Kulturen", die sich, wenn sie nur oft genug wiederholt wird, irgendwann selbst erfüllt. Weil wir wissen, wohin Gottes Weg führt: zum Frieden, können wir schon heute den Frieden wagen – statt auf dem Weg der Sicherheit den Frieden zu gefährden.

4. Streiten und verantwortlich handeln!

Mit drei kurz zusammengefassten Erkenntnissen möchte ich schließen:
1. Nicht die Falschen küssen: Damit meine ich, nicht um des Friedens willen falsche Kompromisse schließen. Das mussten europäische Politiker erkennen, die so manchem Diktator in den Armen lagen. Eigene Interessen und Bedürfnisse müssen in einem Konflikt nicht verborgen werden, sondern benannt werden, möglichst rechtzeitig.
2. Nicht zu schnell küssen: Die Streitpunkte müssen auf den Tisch, die Konfliktbearbeitung braucht Zeit, erst ein wirkliches Verständnis für verletzte Interessen ermöglicht eine Versöhnung.
3. Aus Erfahrung habe ich die Gewissheit: ein guter Streit endet im Küssen. Da berühren sich Himmel und Erde.

Horst Scheffler

Fallen und Aufstehen, Irren und Umkehren
oder:
Gedanken zum Volkstrauertag 2013

(Jeremia 8,4-7)

[4] *Sprich zu ihnen: So spricht der HERR: Wo ist jemand, wenn er fällt, der nicht gern wieder aufstünde? Wo ist jemand, wenn er irregeht, der nicht gern wieder zurechtkäme?* [5] *Warum will denn dies Volk zu Jerusalem irregehen für und für? Sie halten so fest am falschen Gottesdienst, dass sie nicht umkehren wollen.* [6] *Ich sehe und höre, dass sie nicht die Wahrheit reden. Es gibt niemand, dem seine Bosheit leid wäre und der spräche: Was hab ich doch getan! Sie laufen alle ihren Lauf wie ein Hengst, der in der Schlacht dahinstürmt.* [7] *Der Storch unter dem Himmel weiß seine Zeit, Turteltaube, Kranich und Schwalbe halten die Zeit ein, in der sie wiederkommen sollen; aber mein Volk will das Recht des HERRN nicht wissen.*
(Jeremia 8,4-7 nach Luther)

Wo ist jemand, wenn er fällt, der nicht gern wieder aufstünde?
Wo ist jemand, wenn er irre geht, der nicht gern wieder zurechtkäme?

Lebenspraktische Fragen stellte der Prophet Jeremia in Israel vor zweieinhalbtausend Jahren in politisch und wirtschaftlich prekärer

Zeit. Eigentlich ist die angefragte Lebenshaltung eindeutig zu bejahen. Wer fällt, will wieder aufstehen. Wer irre geht, will wieder zurechtkommen.

Doch hier ist zu bedenken: Nicht jeder, der fällt, kann wieder aufstehen. Dieses Bedenken führt zum Gedenken, gerade heute am Volkstrauertag, zum Gedenken an die Millionen Toten der Kriege, an die gefallenen Soldaten, an die zivilen Kriegstoten und an die im Holocaust ermordeten Menschen.

Und hier ist weiter zu denken: Das Gedenken an die Kriegstoten erinnert nicht nur an die Gefallenen, Getöteten und Ermordeten vergangener Kriege. Das Gedenken gilt den Kriegstoten heute, den 54 in Afghanistan gefallenen deutschen Soldaten, den gefallenen Soldaten der Bündnisarmeen und den tausenden afghanischen und ungezählten weiteren Kriegstoten weltweit.

Der Volkstrauertag wird nicht mehr als Heldengedenktag gefeiert. Zu feiern gibt es an diesem Tag ohnehin nichts. Statt Heldenfeier Totengedenken! Und Nachdenken darüber, weshalb und wo man vom rechten Weg abgewichen und irre gegangen ist.

Wo ist jemand, wenn er irre geht, der nicht gern wieder zurechtkäme?

Jeremia beklagt, dass Israel am Irrweg festhalte, dass es nicht umkehren wolle. Er sehe und höre niemanden, der die Wahrheit rede; er sehe und höre niemanden, dem seine Bosheit leid wäre und der erkenne und riefe: Was habe ich doch getan! Statt dessen liefen alle ihren Lauf wie ein Hengst, der in die Schlacht hineinstürmt.

Im alten Israel nutzen die Menschen im Alltagsleben den Esel. Das Pferd war kein Tier für das tägliche Leben. Das Pferd war das Kampfmittel für die Schlacht, das Symbol für den Krieg. Der Hengst, der in die Schlacht stürmt, steht für Kraft und Gewalt der militärischen Macht. Er trägt aber auch Scheuklappen und hat nur eine eingeschränkte Sicht. Der Hengst ist ein Zeichen für den Irrweg des Krieges.

Der Irrweg des Krieges

„Wo ist jemand, wenn er irre geht, der nicht gern wieder zurechtkäme?" Nach zwei Weltkriegen erkannten die Menschen, dass der Krieg kein taugliches Mittel mehr sein kann zur Gestaltung von Politik. In der Präambel der UN-Charta erklärten sie den Krieg zur Geißel der Menschheit, die es zu überwinden gilt. Die UN-Charta verbietet grundsätzlich den Krieg. Die Kirchen bezeugten in ökumenischer Einsicht, Krieg solle nach Gottes Willen nicht sein, und ihre traditionelle Lehre vom gerechten Krieg gelte nicht mehr. In der im Nachkriegsdeutschland aufgerüsteten Bundeswehr galt als Leitsatz, man solle kämpfen können, um nicht kämpfen zu müssen. Der erste Zweck des Militärs war die Kriegsverhinderung, nicht die Kriegsführung.

In die Irre geht, wer heute den Krieg wieder als nützlich für die Menschheit preist. Mit dem Ende des Ost-West-Konflikts erfolgte eine denkerische Renaissance des Krieges. Bücher wurden verlegt, deren Autoren den Krieg wieder positiv bewerteten: Krieg als Lehrmeister (Karl Otto Hondrich 1992), Krieg als Kultur (John Keegan 1995), Krieg als Leben, Leidenschaft und Sport (Martin van Creveld 1998), Krieg als Lebensform und Erwerbstätigkeit (Herfried Münkler 2002). Im Jahr 2011 veröffentlichte Bernd Ulrich, stellvertretender Chefredakteur des Politikressorts der ZEIT, eine Streitschrift mit dem Titel „Wofür Deutschland Krieg führen darf. Und muss" (Rowohlt).

Wie die Öffentlichkeit durch diese Gedankenrenaissance Schritt für Schritt an den Krieg als einen politischen Kasus herangeführt wurde, so musste die Transformation der Bundeswehr „Scheibchen für Scheibchen", so ein Generalinspekteur, von der Armee der Abschreckung über die Armee der Einheit in die Armee des Einsatzes umgesetzt werden. Die Soldaten sollen jetzt kämpfen können, um kämpfen zu wollen.

Als Deutschland am 6. Oktober 2013 in Kundus die Verantwortung für das zehn Jahre genutzte Feldlager den afghanischen

Sicherheitskräften übergab, erklärte der damalige Verteidigungsminister Thomas de Maizière, Kundus sei der Ort, „an dem die Bundeswehr zum ersten Mal gekämpft hat, lernen musste, zu kämpfen". Das sei eine Zäsur gewesen, „nicht nur für die Bundeswehr, sondern auch für die deutsche Gesellschaft". Kundus werde für immer Teil unseres gemeinsamen Gedächtnisses bleiben. Offensichtlich sieht die Politik sich jetzt am Ziel, Krieg wieder als einen normalen Kasus des politischen Verkehrs zu akzeptieren.

Der Irrweg der Rüstung

Dem Irrweg des Krieges entspricht der Irrweg der Rüstung, der Rüstungsproduktion und der Rüstungsexporte. Gegen den weltweiten Handel mit Kriegswaffen und Rüstungsgütern protestiert seit mehreren Jahren die auch von kirchlichen Friedensgruppen verantwortete Kampagne „Aktion Aufschrei – Stoppt den Waffenhandel". In ihren Aktionen gibt sie den Tätern ein Gesicht und den Opfern eine Stimme. Viele Menschen wurden dadurch sensibilisiert, dass Deutschland als drittgrößter Waffenexporteur auf der Welt den Tod ausliefert. Auch heute gilt, was Paul Celan einst in dem Gedicht „Todesfuge" aussprach: „Der Tod ist ein Meister aus Deutschland."

Die Aktionen, Proteste und Forderungen der „Aktion Aufschrei – Stoppt den Waffenhandel" werden von der Politik wahrgenommen. Die Waffenexporte sind ein wichtiges Thema in den Koalitionsverhandlungen zur neuen Bundesregierung (im Herbst 2013; Anm. d. Hg.). Die Kampagne wird und muss weitergehen, damit die Entscheidungen transparent und die Exporte reduziert werden. Das Ziel muss sein, letztlich auf Rüstungsproduktion und auf Rüstungsexporte zu verzichten. Gut ist, dass die Synode der Evangelischen Kirche in Deutschland (EKD) die zivilgesellschaftliche Forderung nach einer restriktiven Rüstungsexportpolitik ausdrücklich unterstützt (Beschluss vom 13.11.2013).

Der Storch unter dem Himmel weiß seine Zeit,
Turteltaube, Kranich und Schwalbe halten die Zeit ein,
in der sie wiederkommen sollen;
aber mein Volk will das Recht des HERRN nicht wissen.

Storch, Turteltaube, Kranich und Schwalbe symbolisieren für Jeremia den Frieden und die Gerechtigkeit. Im Gegensatz zu dem in die Schlacht stürmenden Hengst kennen die Zugvögel die Ordnungen und Rhythmen der Zeitabläufe, die für den Propheten von Gott geschaffen sind. Der Mensch dagegen, klagt Jeremia, wolle von Gottes Ordnung und Recht nichts wissen.

Gottes Rechtsordnung kennt keine Kriege. Gewiss, Gott war einst ein kriegerischer Gott. Doch Gott hat gelernt. Gott hat den Frieden gelernt. Sehr trefflich hat diesen Lernprozess Gottes der Potsdamer Rabbiner Walter Homolka in seiner Studie über die Friedensvorstellung in der Hebräischen Bibel sowie in Talmud und Midrasch beschrieben. Sein Fazit lautet: „Die Vorstellung von Gott als Friedensbringer hat also die des Kriegsgottes endgültig verdrängt."[1]

Friedenstheologie, Friedensethik und Friedenspädagogik

Für eine heute dringend notwendige Friedenstheologie setzt Gott die Maßstäbe. Wie Gott lernfähig ist und gelernt hat, ist auch der Mensch zum Lernen fähig. Wie Gott den Frieden gelernt hat, kann auch der Mensch den Frieden lernen. Darum ist die Behauptung falsch, Kriege habe es immer gegeben und werde es deshalb auch weiterhin geben.

Angeblich schildert folgende kleine Geschichte die Mentalität der Menschen: Kinder spielen auf dem Schulhof. Sie spielen Krieg.

---

1 Walter Homolka / Albert H. Friedländer: Von der Sintflut ins Paradies. Der Friede als Schlüsselbegriff jüdischer Theologie, Darmstadt 1993, S. 43.

Die Lehrerin ermahnt sie, statt Krieg doch einmal Frieden zu spielen. Sie fragen: „Frieden spielen, wie macht man das?"

Gut erzählt, aber doch falsch! Tatsächlich wissen die Menschen durchaus, wie der Friede „gespielt" wird, nämlich indem die Gebote Gottes und der Menschen Rechte beachtet und befolgt werden.

Erinnert sei an das Projekt Weltethos des Theologen Hans Küng. Er formulierte ein allen Religionen gemeinsames friedensethisches Potential, nämlich

- das Gebot, Leben zu erhalten, also nicht zu töten und zu morden;
- das Gebot, Eigentum zu achten und solidarisch zu teilen, also nicht zu stehlen;
- das Gebot der Wahrheit und Wahrhaftigkeit, also nicht zu lügen;
- das Gebot der Achtung der Würde des anderen Menschen, also ihn nicht zu missbrauchen.

Das Friedenspotential der Religionen ist wirklich riesig. Die Menschen sollten es nutzen.

Friedenspädagogisch ist zu lernen, wie Konflikte zivil und gewaltfrei bearbeitet werden können. Viele Menschen meinen, zivile und gewaltfreie Konfliktbearbeitung wie Prävention, Mediation und Streitschlichtung gelinge nur in privaten und persönlichen Krisen, nicht jedoch in politischen und gesellschaftlichen Konflikten. Dabei sind die Programme und Modelle ziviler und gewaltfreier Konfliktbearbeitung entwickelt, erprobt und auch schon erfolgreich eingesetzt. Markus Weingardt hat in seinem Buch „Religion Macht Frieden. Das Friedenspotential von Religionen in politischen Gewaltkonflikten" an vierzig Fällen beschrieben, wie zivile und gewaltfreie Konfliktbearbeitung erfolgreich gelungen ist. Die Länderliste der Fallstudien reicht von Argentinien und Chile über Kambodscha und Mosambik und die Philippinen bis Uganda und Zimbabwe. Mindestens vierzig Mal gelang es, drohende und eskalierende Konflikte zu schlichten, bevor sie gewaltsam und kriegerisch entarteten, oder aber Gewaltkonflikte einzudämmen, gar beizulegen.

Das Konzept der zivilen und gewaltfreien Konfliktbearbeitung ist die praktische und politische Handlungskonsequenz einer Ethik des Gerechten Friedens. Einen friedenspädagogischen Lernort hierfür bietet beispielsweise das vom Fränkischen Bildungswerk für Friedensarbeit in Nürnberg und vom Friedenskreis Halle entwickelte Planspiel „Civil Powker", ein Planspiel zum zivilen und gewaltfreien Einsatz in internationalen Konflikten (www.civilpowker.de).

Der alten römischen Maxime „Si vis pacem para bellum" (Wenn du den Frieden willst, bereite den Krieg vor) muss und darf wirklich nicht mehr gefolgt werden. Heute gilt: „Si vis pacem para pacem" – Wenn du den Frieden willst, bereite den Frieden vor!

Renke Brahms

Gottes Gedanken des Friedens über uns

(Jeremia 29,11-14)

Predigt am Weltfriedenstag, 21. September 2014, in Bremen

Teil I

Sie sind eine bunte Gruppe und sie haben alle etwas gemeinsam: Der weltberühmte Boxer Muhammad Ali und der Pianist Lang Lang. Ebenso der Dirigent Daniel Barenboim wie auch die Schauspielerin Charlize Theron. Der Bestsellerautor Paulo Coelho gehört genauso dazu wie der Frauenschwarm George Clooney: Sie alle sind von den Vereinten Nationen berufen worden als Botschafterinnen und Botschafter für Frieden, Gerechtigkeit und Menschenrechte.

Daniel Barenboim zum Beispiel, der ein Orchester dirigiert, in dem zu gleichen Teilen junge Menschen aus Israel und aus arabischen Ländern zusammenspielen. Sie setzen damit ein Zeichen für die Möglichkeit eines friedlichen Zusammenlebens im Nahen Osten.

Wie sehr hätten wir solche Botschafterinnen und Botschafter des Friedens in früheren Zeiten gebraucht: In der Zeit vor und während des Ersten Weltkriegs und auch vor und während des Zweiten. Und wie dringend brauchen wir sie heute.

Hier in der Kulturkirche St. Stephani in Bremen zeigt eine Ausstellung die furchtbare Verstrickung der Evangelischen Kirche in Bremen in den Ersten Weltkrieg. Euphorisch begrüßten und befeuerten

Pastoren diesen Krieg mit ihren Predigten. Nur wenige Stimmen warnten und wandten sich dagegen.

Wir gedenken in diesem Jahr der unzähligen Toten und Opfer dieses Krieges, der vor einhundert Jahren begann und so viel unmenschliche Grausamkeit und Leid hervorbrachte. Wir gedenken der Opfer und erinnern beschämt an das Versagen der Kirchen. Wie konnte es nur dazu kommen, dass Christenmenschen, Theologen, Pastoren Gott vereinnahmten und seinen Namen missbrauchten? „Mit Gott allzeit bereit" hieß es damals – und auf den Gürtelschnallen der Soldaten stand: „Gott mit uns!"

Ich frage mich, wie ich gehandelt hätte. Hätte ich es als Schändung des Namens Gottes erkannt? Hätte ich mich gewehrt? Hätte ich anders entschieden? Ich weiß es nicht.

Ich lebe jetzt – und ich kann heute aus der Geschichte lernen. Und deshalb will ich mich zum Frieden rufen lassen, heute Botschafter des Friedens zu sein. Darum will ich auf Worte der Bibel hören, die vom Gott des Friedens zeugen. Beim Propheten Jeremia heißt es im 29. Kapitel, Verse 11-14 (Lutherübersetzung):

[11] Denn ich weiß wohl, was ich für Gedanken über euch habe, spricht der HERR: Gedanken des Friedens und nicht des Leides, dass ich euch gebe Zukunft und Hoffnung.
[12] Und ihr werdet mich anrufen und hingehen und mich bitten und ich will euch erhören.
[13] Ihr werdet mich suchen und finden; denn wenn ihr mich von ganzem Herzen suchen werdet, [14] so will ich mich von euch finden lassen, spricht der HERR.

Teil II

Denn ich weiß wohl, was ich für Gedanken über euch habe, spricht der HERR: Gedanken des Friedens und nicht des Leides, dass ich euch gebe Zukunft und Hoffnung.

Dieser biblische Vers spricht in eine Situation vor 2600 Jahren hinein. Lange ist das her – und doch gar nicht so weit weg. Damals hatte der babylonische Herrscher Nebukadnezar Jerusalem erobert, geplündert und zerstört und einen Teil der Bevölkerung in die Gefangenschaft nach Babylon gebracht. Wir können heute wenigstens erahnen, was das für die Menschen heißt, wenn eine Stadt zerstört wird und Menschen in Gefangenschaft geraten.

Im Ersten Weltkrieg stand die belgische Stadt Löwen für eine solche totale Zerstörung, London und Dresden stehen bis heute für die ungeheure Wucht der Zerstörung im Zweiten Weltkrieg. Heute sind es Aleppo in Syrien, Gaza oder Mossul im Irak. Gigantische Berge von Schutt und Staub, die einmal Häuser und Städte waren. Unendliches Leid ist mit ihrer Zerstörung verbunden: Tod, Vertreibung, Flucht, Heimatlosigkeit und Verzweiflung für Millionen Menschen.

Der babylonische Herrscher Nebukadnezar brachte damals die Oberschicht Israels als Gefangene nach Babylon. Er wusste, dass die restliche Bevölkerung in Israel das Land allein nicht wieder aufbauen könnte und daher seine Herrschaft in der gesamten Region stabilisiert werden konnte.

Wir ahnen schon, dass sich seitdem nicht so viel geändert hat. Auch heute geht es um Einfluss und Macht, um Regionen, Reiche oder Kalifate, wirtschaftliche und geopolitische Interessen. Was sollen wir dagegen denn ausrichten können?

Das fragten sich auch die Israeliten in Babylon, wo sie an den Flüssen saßen und weinten. Eine Zukunft sahen sie für sich nicht mehr, Resignation lähmte ihren Geist und ihren Mut. Und in diese Situation sprach der Prophet: *Denn ich weiß wohl, was ich für*

Gedanken über euch habe, spricht der HERR: Gedanken des Friedens und nicht des Leides, dass ich euch gebe Zukunft und Hoffnung.

Haben die Menschen damals diese Worte als Trost und Ermutigung gehört oder als Vertröstung? Konnten sie die Worte glauben oder nicht? Erst allmählich begriffen sie, dass Gott sie nicht verlassen hatte – ja, dass er ihnen nahe war und blieb.

Lange hat es gedauert, bis Christen, Pastoren und Kirchen begriffen haben, dass Gott nicht im Sieg bei ihnen ist. Er findet sich nicht im „Hurra" der Schlachten, sondern bei denen, die darunter leiden.

Lange haben wir gebraucht, bis wir erkannt haben, dass Gott und Krieg nicht zusammengehören, dass Gott ein Gott des Friedens ist, nach dessen Willen kein Krieg sein soll.

Aber wie halten wir an diesem Glauben fest angesichts der Kriege, des unvorstellbaren Leidens so vieler Menschen? Wo gibt es denn Zeichen des Friedens, die uns Zukunft und Hoffnung eröffnen?

Solche Zeichen gab es schon im Ersten Weltkrieg: Angesichts akuter Kriegsgefahr hatten sich 85 Vertreter von christlichen Kirchen aus zwölf Ländern auf einer Konferenz in Konstanz vom 1. bis 3. August 1914 getroffen. Es gelang ihnen noch, den Weltbund für Freundschaftsarbeit der Kirchen, einen der Vorläufer des Ökumenischen Rates der Kirchen, zu gründen, dann wurde die Konferenz aufgrund des Ausbruchs des Ersten Weltkriegs abgebrochen. Auf dem Kölner Hauptbahnhof verabschiedeten sich der deutsche Friedrich Siegmund-Schultze und der englische Quäker Henry Hodgkin mit dem Versprechen, sich in ihren Ländern für Frieden und Versöhnung und gegen Hass, Feindschaft und Militarisierung einzusetzen. Dieses Treffen war eine wichtige Wurzel der Friedensbewegung in Deutschland.

Und dann ist da die Geschichte vom Weihnachtsfrieden 1914: Inmitten der Grausamkeiten der Schlachtfelder greift der Geist des Weihnachtsfests an einigen Stellungen um sich. Auf beiden Seiten der Front tauschen Feinde mit Anbruch des Heiligen Abends auf einmal Freundlichkeiten aus. Kerzen werden angezündet, Waffen schweigen. Stattdessen tönt es „Frohe Weihnachten" und „Merry Christmas" aus vielen Schützengräben. Männer, die sich eben noch mit dem Bajonett in der Hand gegenüberstanden, reichten sich nun die Hand oder tauschten kleine Geschenke aus.

Teil III

Denn ich weiß wohl, was ich für Gedanken über euch habe, spricht der HERR: Gedanken des Friedens und nicht des Leides, dass ich euch gebe Zukunft und Hoffnung.

Die Gefangenschaft der Israeliten in Babylon wurde im Laufe der Jahre zum Exil, zur Fremde, in der sie leben mussten, aber auch konnten. Dort spricht der Prophet den Menschen Zukunft und Hoffnung zu. Steckt den Kopf nicht in den Sand, resigniert nicht: Es gibt Hoffnung und es gibt eine Zukunft. Packt dort an, wo ihr jetzt seid, baut Häuser, gründet Familien, suchet der Stadt Bestes!
So weit sind die Menschen in Syrien und im Irak noch lange nicht. Ihnen ist zu wünschen, dass sie irgendwann zurückkehren können in ihre Heimat oder eine neue Heimat finden, wenn sie flüchten müssen, auch hier bei uns. Zuerst brauchen sie aber warme Decken und ein festes Dach über dem Kopf, für den Winter, der vor ihnen liegt.

Welche Zeichen der Zukunft und der Hoffnung können wir heute setzen?
Es ist ein gutes und wichtiges Zeichen, dass die islamischen Verbände in Deutschland am vergangenen Freitag gesetzt haben. Sie haben zu Friedensgebeten und Aktionen gegen Hass und Unrecht aufgerufen und grenzen sich klar gegen jede Form des Extremismus ab. Die Terrororganisation „Islamischer Staat" missbrauche den Islam, machen sie deutlich.

Es ist ein gutes und wichtiges Zeichen, dass in Berlin am vergangenen Sonntag Tausende gegen jede Form des Antisemitismus aufgestanden sind.

Entscheidend ist aber, dass wir jeden Tag eintreten für Toleranz und ein friedliches Zusammenleben in unserer Gesellschaft: an unseren Arbeitsplätzen, in der Straßenbahn genauso wie im Fußballstadion oder im Freundeskreis.

Es ist ein Zeichen der Zukunft und der Hoffnung, dass sich so viele Menschen in Deutschland für Flüchtlinge engagieren – und dies auch bei steigenden Zahlen weiter tun.

Und es ist ein Zeichen der Zukunft und der Hoffnung, wenn wir weiter ringen um einen gerechten Frieden für die Völker – einen Frieden, der mit militärischen Mitteln nicht zu erreichen ist. Immer wieder kommen wir zu spät in den Konflikten. Immer wieder geraten wir in die tödliche Spirale von Gewalt und Gegengewalt. Immer wieder heißt es dann: wir müssen als letztes Mittel doch zu den Waffen greifen.

Zeitungen schreiben über das Ende des Pazifismus und die Notwendigkeit militärischen Eingreifens. Dabei wissen wir genau, dass in den vergangenen Jahrzehnten kein Konflikt mit militärischen Mitteln gelöst werden konnte. Und wir müssen denen Recht geben, die auf präventive Maßnahmen und den Ausbau der zivilen und gewaltfreien Konfliktbearbeitung setzen und fordern.

Ein Zeichen der Zukunft und der Hoffnung kann es sein, wenn wir an die Wurzel vieler Konflikte gehen würden, wenn wir früher agieren, wenn wir den Hunger und die Ungerechtigkeit bekämpften statt Menschen.

Noch einmal zu Daniel Barenboim. In den Zielen des Friedensorchesters heißt es: „Der einzige politische Aspekt der Arbeit des *West-Eastern Divan Orchestra* ist die Überzeugung, dass es keine militärische Lösung des Nahost-Konflikts geben kann und dass die Schicksale von Israelis und Palästinensern untrennbar miteinander verbunden sind. Musik allein kann selbstverständlich nicht den arabisch-israelischen Konflikt lösen. Jedoch gibt sie dem Einzelnen das Recht und die Verpflichtung, sich vollständig auszudrücken und dabei dem Nachbarn Gehör zu schenken."

Ist das alles nur ein Traum? Der Prophet Jeremia hat den Menschen in Babylon deutlich gemacht, nicht zu resignieren und aufzugeben. Ich höre das heute als Ruf Gottes für uns: Den Gedanken des Friedens Raum zu geben, nicht müde zu werden, für einen gerechten Frieden einzutreten und zu beten. So sind wir alle auch Botschafterinnen und Botschafter des Friedens – nicht nur heute am Weltfriedenstag, sondern jeden Tag.

Theodor Ziegler

Schwerter zu Pflugscharen
oder:
Zur Aktualität einer Utopie

(Micha 4,1-4)

¹ Am Ende der Tage wird es geschehen: Der Berg mit dem Haus des Herrn steht fest gegründet als höchster der Berge; er überragt alle Hügel. Zu ihm strömen die Völker. ² Viele Nationen machen sich auf den Weg. Sie sagen: Kommt, wir ziehen hinauf zum Berg des Herrn und zum Haus des Gottes Jakobs. Er zeige uns seine Wege, auf seinen Pfaden wollen wir gehen. Denn von Zion kommt die Weisung, aus Jerusalem kommt das Wort des Herrn. ³ Er spricht Recht im Streit vieler Völker, er weist mächtige Nationen zurecht [bis in die Ferne]. Dann schmieden sie Pflugscharen aus ihren Schwertern und Winzermesser aus ihren Lanzen. Man zieht nicht mehr das Schwert, Volk gegen Volk, und übt nicht mehr für den Krieg. ⁴ Jeder sitzt unter seinem Weinstock und unter seinem Feigenbaum und niemand schreckt ihn auf. Ja, der Mund des Herrn der Heere hat gesprochen.
(Micha 4,1-4)

100 Jahre nach dem Beginn des Ersten Weltkrieges und 75 Jahre nach dem Beginn des Zweiten Weltkrieges erleben wir auch in Deutschland wieder eine eigentümliche militärische Aufbruchsstimmung. Im Unterschied zu 1914 gibt es keine Kriegsbegeisterung mit dem Ruf „Heute Frankreich, morgen die ganze Welt!" oder „Jeder Schuss, ein Russ', jeder Stoß, ein Franzos'". Im Unter-

schied zum Zweiten Weltkrieg geht es auch nicht darum, die „Schmach von Versailles" zu beenden, oder um „Lebensraum im Osten". Heute heißen die Begründungen: „humanitärer Einsatz", „Friedensmission", „Schutzverantwortung", „Sicherung der vitalen Interessen" der Bundesrepublik Deutschland. Als wirtschaftliche Weltmacht müsse unser Land seiner gestiegenen Verantwortung für die Friedenssicherung in der Welt gerecht werden. Wir müssen „unseren Beitrag leisten", unseren „Bündnisverpflichtungen" nachkommen. Und dies wird unausgesprochen gleichgesetzt mit Waffenlieferungen in alle Welt und mit militärischen Auslandseinsätzen.

Die Rüstungsindustrie fordert Standortsicherung und droht ansonsten ins Ausland abzuwandern. Die Betriebsräte aus diesen Firmen pochen auf den Erhalt ihrer Arbeitsplätze. Die Verteidigungsministerin wollte erst nur „nichtletale", also nicht tötende Rüstungsgegenstände an die kurdische Peschmerga liefern, dann sind es plötzlich doch Waffen, dann auch Ausbilder. Und so gerät man immer mehr ins Kriegsgeschehen hinein. 100 Jahre nach 1914 und 75 Jahre nach 1939. Geschichte wiederholt sich nie, oder doch? Sollte der US-amerikanische Schriftsteller George Santayana (1863-1952) recht haben: „Wer sich nicht an die Vergangenheit erinnern kann, ist dazu verdammt, sie zu wiederholen"?

Nun, mit dem Erinnern klappt es eigentlich sehr gut. Auf allen Fernsehkanälen, in allen Zeitungen wird uns der Erste und der Zweite Weltkrieg vor Augen geführt. Und alljährlich wird am Volkstrauertag der Opfer von Krieg und Vertreibung gedacht. Doch ziehen wir daraus auch Konsequenzen? Und wenn ja, welche? Welche Vorstellungen haben wir von einem friedlichen Zusammenleben der Völker? Haben wir darüber überhaupt schon mal nachgedacht, wie eine Welt ohne Krieg aussehen könnte und wie wir dorthin gelangen könnten?

Im Binnenbereich, innerhalb unseres Landes, ist es seit 150 Jahren selbstverständlich, dass bei Konflikten nicht mit Gewalt vorgegangen wird, sondern Gerichte angerufen werden. Dasselbe gilt auch innerhalb der Europäischen Union. Kein EU-Land hat bisher gegen ein anderes einen Krieg geführt. Das Verbindende ist viel, viel wichtiger als das Trennende. Konflikte werden deshalb auf dem Verhandlungswege geregelt oder vor einem Gericht in ziviler Weise ausgetragen. Insofern war die Verleihung des Friedensnobelpreises 2012 für die Europäische Union voll berechtigt.

Im Außenbereich, auf der internationalen Ebene sieht es jedoch ganz anders aus: Hier fehlen vielfach rechtsstaatliche Strukturen, hier gilt im Zweifel das Recht des Stärkeren. Deshalb sind Großbritannien und Frankreich auch nicht bereit, auf ihr atomares Vernichtungspotential zu verzichten. Und die Politiker der anderen europäischen Staaten haben im besten Fall die Vision einer gemeinsamen Europäischen Armee, die mit den militärischen Weltmächten USA, Russland und China mithalten kann. Aber an Abrüstung denkt offenbar niemand. Das ist allerdings nicht nobelpreiswürdig.

Politiker und andere, die so etwas fordern, gelten als nicht politikfähig. Auch in den Kirchen sieht es nicht viel anders aus: Wer das Militär in Frage stellt, wer gar die Abschaffung der Bundeswehr fordert, gilt als realitätsferner Gesinnungsethiker, den man nicht mehr ernstnehmen kann.

In dieser Situation lesen wir heute den visionären Bibeltext aus dem Buch des Propheten Micha. Er steht fast wortgleich beim Propheten Jesaja. Eigentlich ein Fall für Plagiatsjäger. Die heutige Bibelwissenschaft hat jedoch starke Indizien dafür, dass dieser Text erst zwei Jahrhunderte nach diesen beiden Propheten, erst nach der Zerstörung Jerusalems durch die Babylonier entstanden ist und nachträglich in diese Prophetenbücher reinkam. Doch von wem auch immer er verfasst worden sein mag, dieser Text spricht für sich. Anhand einer Völker-Wallfahrt zeigt er die Elemente für den Frieden zwischen den Völkern auf.

Damit es zu einem Krieg kommt, bedarf es dreier Voraussetzungen:
   Man braucht erstens einen *Kriegsgrund*. Meistens ist das ein Konflikt um Macht, um Besitz oder um die Ehre.

Zweitens bedarf es der *Waffen*. Ohne Waffen können Menschen lediglich eine Schlägerei ausführen. Aber um massenhaft zu töten und zu zerstören, bedarf es spezieller Waffen. Und diese müssen immer auf dem neuesten Stand der Technik sein, ansonsten bewirken sie nichts. Das heißt, der militärische Waffenbesitz beinhaltet automatisch den Rüstungswettlauf, die Rüstungsforschung und auch – zur Finanzierung des Ganzen – den Rüstungshandel.

Ein Konflikt und Waffen machen jedoch noch keinen Krieg. Erst wenn drittens *Menschen* da sind, die sich an den Waffen ausbilden lassen, die sich in eine militärische Hierarchie einordnen und bereit sind, Befehle auszuführen, kann ein Krieg möglich werden.

Diese drei Kriegsvoraussetzungen scheinen dem biblischen Autor schon vor zweieinhalb Jahrtausenden vor Augen gewesen zu sein, denn er entwickelt davon ausgehend die drei oder besser die vier Voraussetzungen für den Frieden.

1. Vom Recht des Stärkeren zur Stärkung des Rechts

Dass es zwischen Menschen Konflikte gibt, dass Interessen gegeneinander stehen, ist normal. Das kommt in den besten Familien vor, auch in den Kirchen und auch zwischen den Völkern. Die Frage ist jedoch: Wie gehen wir mit diesen Konflikten um? Wie versuchen wir sie zu lösen? Indem wir unsere eigene Position durchsetzen? Den Anderen besiegen? Oder indem wir uns als Konfliktpartner begreifen und Kompromisse suchen? Nehmen wir die Interessen unseres Gegners genauso ernst wie unsere eigenen? Sehen wir auch in ihm ein Geschöpf Gottes, genauso wie wir zu einem glücklichen Leben bestimmt, mit derselben Würde und demselben Recht zum Leben ausgestattet? Und wenn wir uns schon so zerstritten haben, dass wir nicht mehr zu fairen Verhandlungen fähig sind, sind wir dann bereit, uns einer übergeordneten Schiedsgerichtsbarkeit zu unterstellen? Im Bild der Wallfahrt lassen sich die Völker ihre Konflikte von Gott als dem Schiedsrichter schlichten. Überall, wo

Menschen bereit sind, sich einem übergeordneten Recht zu unterstellen, wird der Krieg verunmöglicht.

Ein schönes Beispiel dafür können wir auch im Sport beobachten. Eigentlich haben die meisten Sportarten ihre Wurzeln im Krieg. Schauen wir nur den Fußballsport an: Hier wird angegriffen, verteidigt, auf das ehemalige Stadttor geschossen, gesiegt und verloren. Aber dadurch, dass beide Kontrahenten sich den Regeln unterstellen, und im Zweifelsfall dem Schiedsrichter oder dem Sportgericht Folge leisten, bleibt es bei einem spannenden sportlichen Kampf. Zwischen den Völkern ist es leider noch nicht so wie im Sport. Zwar gibt es de jure die Vereinten Nationen, diese stehen jedoch de facto nicht über den Staaten. Viele Staaten halten sich nur dann an die Spielregeln, solange sie ihnen genehm sind, und deshalb herrscht zwischen den Staaten leider noch das Recht des Stärkeren. Carl Friedrich von Weizsäcker sprach schon vor über fünfzig Jahren von der Notwendigkeit einer *Weltinnenpolitik*. Nationale Armeen und Militärbündnisse passen nicht in eine so strukturierte Welt, sie sind zur Durchsetzung von Partikularinteressen aufgebaut. Eine Weltinnenpolitik bräuchte wie in unseren einzelnen Staaten lediglich eine Internationale Polizei. Diese wäre nach dem Subsidiaritätsprinzip für die Problemfälle zuständig, die eine nationale Polizei überfordern. Damit eine solche UN-Polizei von vornherein als überparteilich erkannt wird, müsste sie sich aus Beamtinnen und Beamten aller Mitgliedsstaaten rekrutieren und direkt dem UN-Generalsekretär unterstehen.

Die Außenpolitik der Staaten muss ebenfalls die gesamte Menschheitsfamilie in den Blick nehmen. Deshalb sollte auch der Amtseid deutscher Bundeskanzler dieser globalen Verantwortung angepasst werden. Es kann nicht mehr nur darum gehen, sich zum Wohle und Nutzen des *deutschen* Volkes zu verpflichten und nur von *ihm* Schaden abzuwenden. Eine nationale Politik sollte immer auch von Verantwortung für *alle Völker*, für *alle Menschen*, gerade für diejenigen, die im Elend leben, geleitet sein.

2. Schwerter zu Pflugscharen

Militärische Waffen sind Lebensvernichtungsgeräte, sie sollen feindliche Soldaten ausschalten sowie deren Waffen und militärische Einrichtungen vernichten. Darüber hinaus reißen sie jedoch häufig auch viele Zivilisten mit in den Tod. ‚Kollateralschäden' nennt man diese unvermeidliche Kriegsfolge. Waren im Ersten Weltkrieg noch 10 Prozent der Kriegstoten Zivilisten, so hat sich der zivile Anteil schon im Vietnamkrieg auf 90 Prozent erhöht.

Doch selbst, wenn es nicht so weit kommt, so vernichten die sogenannten Rüstungsgüter schon in ihrer Anschaffung und Unterhaltung Unmengen von Geld. Eine einzelne Eurofighter-Flugstunde kostet 80.000 Euro, in dieser Flugstunde wird so viel Treibstoff verbraucht wie von einem Auto durchschnittlich in zehn Jahren. Bei einem jährlichen Militärhaushalt von 32 Milliarden Euro trägt jeder und jede von uns 80 Millionen Bürgern 400 Euro pro Jahr bei. Dieses Geld fehlt bei der Bekämpfung der eigentlichen Ursachen für Krieg und Terror: Hunger und Elend. Wir haben nicht das Geld für Schwerter und Pflugscharen, wir müssen uns entscheiden.

In unserer biblischen Vision werden die Schwerter umgeschmiedet. Aus Lebensvernichtungsgeräten werden Lebensmittelproduktionsgeräte. Die Panzerhalle der französischen Armee in Breisach, wo junge Soldaten die Wartung und Reparatur von Panzern erlernten, wurde vor 15 Jahren zu einer Land- und Baumaschinenhalle der Breisacher Gewerbeschule umgewandelt. Aus Kasernen wurden Wohn- und Schulgebäude. In der Fachsprache heißt dies Rüstungskonversion. Aus Panzern könnten Minenräumer werden, aus Kampfhubschraubern Rettungshubschrauber, aus der Schnellen Eingreiftruppe eine Schnelle Katastrophenhilfsorganisation bei Erdbeben, Überschwemmungen, Seuchen usw.

Schwerter zu Pflugscharen – eine Illusion weltfremder Pazifisten? Gerade wir in Deutschland sollten uns 25 Jahre nach 1989 daran erinnern, dass dies das Motto der erfolgreichen gewaltfreien Revolution in der ehemaligen DDR war. Natürlich hat der wirtschaftliche

Ruin der sozialistischen Planwirtschaft, das Eingesperrtsein hinter Mauer und Stacheldraht, die nicht vorhandene Meinungsfreiheit den Unmut der Bevölkerung ausgelöst. Dass dieser dann jedoch nicht zu Gewalttätigkeiten eskalierte und damit der Staatsmacht die Rechtfertigung für die gewaltsame Niederschlagung gegeben hat, hängt mit dem Motto *Schwerter zu Pflugscharen* und der damit formulierten gewaltfreien Haltung zusammen.

1980 riefen die Evangelischen Jugendverbände Europas zum ersten Mal zu einer Friedenwoche, heute Friedensdekade, auf. Der daran beteiligte damalige sächsische Landesjugendpfarrer Harald Bretschneider aus Dresden hatte die Idee, das Prophetenwort „Schwerter zu Pflugscharen" zum Zeichen dieser Veranstaltungen in der DDR zu machen. Er fertigte einen Entwurf, der dann von einer Grafikerin umgesetzt wurde. Er dachte sich, wenn die Sowjetunion als östliche Führungsmacht 1958 der Brüsseler Weltausstellung und 1959 der UNO in New York eine solche Skulptur geschenkt hat, müsste diese Grafik auch in der DDR erlaubt sein: Ein muskulöser Schmied, der mit kräftigen Hammerschlägen ein Schwert auf einem Amboss zu einer Pflugschar umschmiedet. Weil jedoch der Papierdruck nur mit staatlicher Genehmigung möglich war, ließ er das Emblem listigerweise auf Stoff drucken, als Lesezeichen für Bücher. Und nachdem manche Jugendliche dieses Emblem ausschnitten und an ihre Jacken nähten, ließ er im darauffolgenden Jahr gleich runde Aufnäher drucken, 100.000 Stück. Diese wurden in der gesamten DDR und zum Teil auch im Westen vertrieben und symbolisierten die militärablehnende Haltung der Gewaltfreiheit. Als die Aufnäher dann staatlicherseits verboten und von den Stasi-Beamten den jungen Leuten abgerissen wurden, ließen manche einfach einen Kreis von Fäden am Ärmel hängen und jeder wusste Bescheid, was hier mal war. In diesem Geiste gelangen dann die gewaltfreien Montagsdemonstrationen, die schlussendlich am 9. November 1989 die Mauer zu Fall brachten. Nicht durch Heer oder Macht, sondern durch den göttlichen Geist der Gewaltfreiheit.

3. Nicht mehr lernen, Krieg zu führen

Für einen Krieg braucht man neben einem Grund und Waffen auch Menschen, die bereit sind, den Krieg auszuführen. Ein Staatschef alleine kann keinen Krieg führen, denn Krieg ist eine Form organisierter Gewalt. Kriegführen ist eine Jahrtausende alte Kunst, wie viele andere Künste in Büchern festgehalten, auf Militärakademien gelehrt und auf Kasernenhöfen und Manöverplätzen eingeübt.

Nachdem junge Menschen in unserem Land achtzehn Jahre lang daraufhin erzogen werden, keine Gewalt anzuwenden, Konflikte gewaltfrei zu schlichten, im Straßenverkehr rücksichtsvoll zu sein, lernen sie dann als Soldaten die beiden kriegerischen Grundfertigkeiten: Gehorsam und die Handhabung der Waffen. Und diese haben heute nicht mehr viel gemein mit den Spießen und Schwertern aus Michas Zeiten. Der technische Fortschritt wurde leider immer auch dazu genutzt, noch perfektere Vernichtungsmittel herzustellen. Der Genozid, die Ausrottung ganzer Völker oder gar der Menschheit ist technisch möglich geworden.

Im Kriegsfall werden zwangsläufig die wesentlichen Grundsätze unserer Verfassung außer Kraft gesetzt: Die Würde des Menschen wird massivst verletzt, das Recht auf Leben und die körperliche Unversehrtheit werden strategischen Zielen geopfert. Solange sich Menschen freiwillig oder durch die Wehrpflicht bereit finden für den Militärdienst, werden Politiker sie gegebenenfalls auch einsetzen, ob in der Ukraine oder im Nahen Osten, in Afghanistan oder Afrika.

Nicht mehr üben für den Krieg oder, wie Luther formuliert, nicht mehr lernen, Krieg zu führen – das ist ein Appell an die Verantwortung der einzelnen Bürger, sich staatlicher Militärpolitik zu entziehen. Jeder Mensch, der hier nicht mehr mitmacht, der sich hier dem staatlichen Machtanspruch entzieht, nimmt den Regierenden etwas von ihrem tödlichen Potential. Was hätte Hitler 1939 machen können, wenn ihm im Rahmen der Wehrpflicht nicht Millionen junger Männer zu Diensten gewesen wären? Was wäre gewesen, wenn die protestantischen und katholischen Kirchenführer ihre Mitglieder aufgerufen hätten, den Kriegsdienst zu verweigern? Damals waren 95 Prozent der Bevölkerung Kirchenmitglieder!

Nicht mehr lernen, Krieg zu führen, ist eine klare Absage an die militärische Sicherheitslogik, die Frieden durch Überlegenheit erreichen will, die im Zweifelsfall auf Kampfkraft und Vernichtungskapazitäten vertraut. Wer nicht mehr lernt, Krieg zu führen, kann sich für eine friedliche Friedenspolitik engagieren. So wurde 1999 auf Anregung der Evangelischen Kirche von Berlin-Brandenburg der Zivile Friedensdienst eingerichtet, der inzwischen über 1.000 Friedensfachkräfte zu Einsätzen in Krisen- und Konfliktregionen in Europa, Asien, Afrika und Lateinamerika vermittelte. Insbesondere nach dem Balkankrieg arbeiteten diese Fachleute mit den ehemals verfeindeten Volksgruppen, um Wege der Versöhnung und einer gemeinsamen Zukunft zu finden. Staatlicherseits wird dieser Zivile Friedensdienst jährlich mit rund 30 Mio. Euro gefördert. Das klingt nach viel Geld, ist jedoch nicht einmal ein Promille der Militärausgaben, gerade so viel wie die Verteidigungsministerin für Werbung ausgibt. Wie wäre es, die Militärausgaben, das militärische Personal und Gerät in den nächsten zehn Jahren Zug um Zug umzuwidmen für den Zivilen Friedensdienst, in dem dann nicht nur ein paar Hundert, sondern Tausende Menschen für zivile Konfliktlösungen arbeiten? Wenn aus den schnellen militärischen Reaktionskräften eine Schnelle Eingreiftruppe bei Naturkatastrophen würde? Und wenn die Entwicklungszusammenarbeit mit den ärmsten Ländern dieser Welt vervielfacht werden würde?

Käme Deutschland in dieser friedlichen Weise seiner gestiegenen Verantwortung nach, wäre dies ein großer Schritt zu einer Weltinnenpolitik. Ich bin mir sicher, dass die weltweite Anerkennung einer solchen gewaltfreien Friedenssicherung viel größer sein wird, als der Groll über schwindende militärische Beiträge aus Deutschland.

Die badische Landessynode hat im Jahr 2013 beschlossen, ein Szenario zu einem Militärausstieg zu entwerfen, ähnlich dem

Atomausstieg, und in die Diskussion mit den anderen europäischen Kirchen einzubringen. Wenn wir vom Krieg wegkommen wollen, brauchen wir eine realutopische Vision vom Frieden: Wie soll unsere Welt in zwanzig, dreißig Jahren aussehen? Und mit welchen Schritten kommen wir dahin? Doch wenn man sich nicht mal erlaubt, über dieses Ziel nachzudenken, wird es keinen Weg dorthin geben.

4. Am Schluss der prophetischen Vision heißt es:
„Ein jeder wird unter seinem Weinstock und Feigenbaum wohnen und niemand wird sie schrecken, denn der Mund des Herrn Zebaoth hat's geredet."

Ein Grund für die Friedlosigkeit in unserer Welt ist die Tatsache, dass wir Industrienationen nicht nur von *unseren* Weinstöcken und *unseren* Feigenbäumen leben, sondern auch von denen anderer. In welchem Umfang, lässt sich am CO_2-Ausstoß ablesen. Während jeder Erdenbewohner im Schnitt pro Jahr 4 Tonnen CO_2 verursacht, sind es bei uns Deutschen über 10 Tonnen und bei den US-Amerikanern über 20 Tonnen. Klimaneutral wären 2,5 Tonnen. Wenn alle Menschen so lebten wie wir, bräuchte es mehrere Erden. Ob bei Südfrüchten, Kaffee, tierischen Produkten, Erzen, Öl oder Kleidung – unser Lebensstil ist nicht verallgemeinerbar. Selbst mit alternativen Energiequellen lässt sich unser Energieverbrauch auf Dauer nicht decken. Wenn alle Menschen auf dieser Welt menschenwürdig leben können sollen, dann können wir nicht auf ständiges Wachstum setzen. In einer endlichen Welt ist ein unbegrenztes Wachstum nicht möglich. Das heißt, im Interesse des Friedens bedarf es eines fairen, eines gerechten Miteinanders und einer Genügsamkeit.

Dass dies nicht einfach durchzusetzen ist, bekommt dieser Tage der für die Entwicklungshilfe zuständige Bundesminister Müller zu spüren. Er möchte, was ihm hoch anzurechnen ist, mit der

Textilbranche menschenwürdige Standards für die Kleiderproduktion in den Entwicklungsländern vereinbaren. Nun wird er von allen Seiten mit Argumenten bombardiert, warum dies nicht möglich sei. Natürlich wird uns fairer Handel und gerechtes Wirtschaften mehr Geld kosten. Wenn wir uns dadurch jedoch die Kosten und Folgen von Rüstung und Krieg ersparen, könnten wir damit unterm Strich billiger fahren.

Die Vision im Micha-Buch zeigt uns: Wir können in dieser realen Welt, und nicht irgendwann im Jenseits, zu einem friedlichen Miteinander kommen. Der Weg dorthin:
- Vom Recht des Stärkeren zur Stärkung des Rechts durch übergeordnete Schiedsinstanzen.
- Wandeln wir unsere Vernichtungskapazitäten in lebensdienliche Produktionen.
- Jede und jeder Einzelne kann sich dem Kriegshandwerk entziehen.
- Wenn wir lernen, unter *unserem* Feigenbaum und *unserem* Weinstock genügsam zu leben, haben alle Kinder Gottes auf der Welt eine Chance zum Leben.

Der Prophet Jesaja (32,17) brachte es auf den Punkt: „Der Gerechtigkeit Frucht wird Friede sein und der Ertrag der Gerechtigkeit wird ewige Stille und Sicherheit sein."

Markus A. Weingardt

Grenzerfahrungen
oder:
Bin ich der Nächste?

Impulse zur Ökumenischen Friedensdekade 2015
Jahresthema: Grenzerfahrungen
Biblische Grundlagentexte: Jona 2,3-10 und Lukas 10,25-37

Die Rettung des Propheten

³ In meiner Not rief ich zum Herrn und er erhörte mich. Aus der Tiefe der Unterwelt schrie ich um Hilfe und du hörtest mein Rufen. ⁴ Du hast mich in die Tiefe geworfen, in das Herz der Meere; mich umschlossen die Fluten, all deine Wellen und Wogen schlugen über mir zusammen. ⁵ Ich dachte: Ich bin aus deiner Nähe verstoßen. Wie kann ich deinen heiligen Tempel wieder erblicken? ⁶ Das Wasser reichte mir bis an die Kehle, die Urflut umschloss mich; Schilfgras umschlang meinen Kopf. ⁷ Bis zu den Wurzeln der Berge, tief in die Erde kam ich hinab; ihre Riegel schlossen mich ein für immer. Doch du holtest mich lebendig aus dem Grab herauf, Herr, mein Gott. ⁸ Als mir der Atem schwand, dachte ich an den Herrn und mein Gebet drang zu dir, zu deinem heiligen Tempel. ⁹ Wer nichtige Götzen verehrt, der handelt treulos. ¹⁰ Ich aber will dir opfern und laut dein Lob verkünden. Was ich gelobt habe, will ich erfüllen. Vom Herrn kommt die Rettung. (¹¹ Da befahl der Herr dem Fisch, Jona ans Land zu speien.) (Jona 2,3-10)

Das Beispiel vom barmherzigen Samariter

^{25} Da stand ein Gesetzeslehrer auf, und um Jesus auf die Probe zu stellen, fragte er ihn: Meister, was muss ich tun, um das ewige Leben zu gewinnen? ^{26} Jesus sagte zu ihm: Was steht im Gesetz? Was liest du dort? ^{27} Er antwortete: Du sollst den Herrn, deinen Gott, lieben mit ganzem Herzen und ganzer Seele, mit all deiner Kraft und all deinen Gedanken, und: Deinen Nächsten sollst du lieben wie dich selbst. ^{28} Jesus sagte zu ihm: Du hast richtig geantwortet. Handle danach und du wirst leben. ^{29} Der Gesetzeslehrer wollte seine Frage rechtfertigen und sagte zu Jesus: Und wer ist mein Nächster? ^{30} Darauf antwortete ihm Jesus: Ein Mann ging von Jerusalem nach Jericho hinab und wurde von Räubern überfallen. Sie plünderten ihn aus und schlugen ihn nieder; dann gingen sie weg und ließen ihn halb tot liegen. ^{31} Zufällig kam ein Priester denselben Weg herab; er sah ihn und ging weiter. ^{32} Auch ein Levit kam zu der Stelle; er sah ihn und ging weiter. ^{33} Dann kam ein Mann aus Samarien, der auf der Reise war. Als er ihn sah, hatte er Mitleid, ^{34} ging zu ihm hin, goss Öl und Wein auf seine Wunden und verband sie. Dann hob er ihn auf sein Reittier, brachte ihn zu einer Herberge und sorgte für ihn. ^{35} Am andern Morgen holte er zwei Denare hervor, gab sie dem Wirt und sagte: Sorge für ihn, und wenn du mehr für ihn brauchst, werde ich es dir bezahlen, wenn ich wiederkomme. ^{36} Was meinst du: Wer von diesen dreien hat sich als der Nächste dessen erwiesen, der von den Räubern überfallen wurde? ^{37} Der Gesetzeslehrer antwortete: Der, der barmherzig an ihm gehandelt hat. Da sagte Jesus zu ihm: Dann geh und handle genauso!
(Lukas 10,25-37)

Grenzerfahrungen: Manche suchen sie gezielt – beim Bungee-Jumping, Wildwasser-Rafting, Free-Climbing oder beim einsamen Durchqueren der Arktis. Sie wollen ihre körperlichen und psychischen Grenzen erleben, testen, verschieben. Dann erst spüren sie sich als Mensch, dann spüren sie Leben.

Anderen werden Grenzerfahrungen durch Ereignisse auferlegt, die sie nicht selbst beeinflussen können: Durch Krankheit und Alter, durch den Verlust geliebter Menschen, durch ungewollte Einsamkeit. Oder durch den Verlust des Arbeitsplatzes, Mobbing, Demütigung. Sie kommen an ihre Grenzen, kämpfen, finden vielleicht Hilfe – oder aber scheitern daran, verlieren jede Lebensfreude.

Wieder andere stoßen an menschengemachte Grenzen: Auf der Flucht vor Hunger und Tod, vor Krieg und Gewalt, stehen sie früher oder später vor Wüsten und Meeren, vor Mauern und Zäunen, von Soldaten bewacht und viel zu groß, um sie alleine zu überwinden. Menschen ziehen und sichern diese Grenzen, um andere fern zu halten – sich selbst zum Wohlergehen, für andere lebensbedrohend, oft tödlich.

Auch Jona erlebt seine Grenzen: Erst die Berufung zum Prophet, doch nein, ich kann nicht, ich will nicht, hier ist meine Grenze! Gott aber sagt: Doch, du kannst, und du sollst, mach dich auf, geh über die Grenze! Dann Jonas Flucht: Weg von hier, weg von Gott, „dem Herrn aus den Augen" und damit auch aus dem Sinn – und gerät in Sturm. Es geht drunter und drüber, in ihm und um ihn herum. Während alle arbeiten und beten, liegt Jona da und flüchtet sich in den Schlaf. Der Kapitän weckt ihn: Bete wenigstens! Er tut es nicht. Erst das Los zwingt ihn zum Geständnis, stellt ihn vor eine weitere Grenze: Soll ich mich opfern – oder andere mit mir in den Tod reißen? Diesmal kein feiges Ausweichen, der Gang in den sicheren Tod: Werft mich über Bord. Die anderen wollen nicht, tun es schließlich doch, widerwillig. Und Jona sinkt in den „Rachen des Todes" (Luther), in die Tiefe der Unterwelt, in das Herz der Meere, wo ihn die Fluten umschließen und die Wogen und Wellen über ihm zusammenschlagen, das Wasser reicht ihm an die Kehle, Urflut umschließt ihn, Schilfgras umschlingt seinen Kopf – bis ihn der Fisch verschluckt. Und drei Tage später wieder an Land spuckt. Extreme, existentielle Grenzerfahrung. Das Gefühl totaler Gottesferne, doch dann wundersame Rettung!

Bei diesem Bild erscheinen unweigerlich die abertausende Flüchtlinge vor Augen, die über das Mittelmeer fliehen, um in Europa Rettung zu finden. Menschen von heute, die im selben Meer wie Jona von ebensolchem Sturm umtost werden, über denen ebenfalls die Wogen zusammenschlagen, die von der Tiefe verschlungen werden ... doch kein Fisch kommt und bringt sie zurück ins Leben. Kein Fisch, kein Schiff, kein Mensch; zu Tausenden ertrinken sie, elendiglich, einsam. Nach Hunger und Krieg in der Heimat, nach Angst und Ausbeutung auf der Flucht nun eine letzte grausame Grenzerfahrung, das rettende Ufer so nah, doch ohne Rettung, ohne Happy End.

So sterben jährlich Tausende, während wenige Hundert Kilometer nördlich Menschen fröhlich am Strand spielen, und noch ein paar Hundert Kilometer weiter sitzen wir an unseren deutschen Kaffeetischen und in Kirchenbänken. Oft ratlos, gelähmt. Wenn die Welt heute wirklich ein globales Dorf ist, wie es heißt, dann geschehen diese Dramen vor unserer Haustüre, nein: in unserem eigenen Haus, im Zimmer nebenan. Es sind unsere Hausgenossen, unsere nächsten Mitbewohner.

Sind sie es? Sind sie unsere Nächsten?
Wer ist denn mein Nächster?

Das wurde Jesus auch gefragt, und er antwortet mit der berühmten Geschichte vom barmherzigen Samariter. Genau genommen antwortet er mit einer Gegenfrage. Doch Jesus fragt nicht: Wer von den Dreien hat in dem Überfallenen seinen Nächsten erkannt? Sondern er fragt: Wer *war* dem Notleidenden ein Nächster? Das ist ein entscheidender Unterschied. Jesu Thema ist offensichtlich nicht „Wer ist mein Nächster?". Jesus fragt vielmehr: „Wem *bist du* ein Nächster?"

Er durchbricht damit die hinter der Ausgangsfrage des Schriftgelehrten stehende Logik, nach welcher *ich* entscheiden könnte, wer mein Nächster ist – nämlich jener, den *ich* in meine Nähe lasse, den *ich* (nah) an mich heranlasse. Ich selbst definiere dann Nähe und Distanz, ich ziehe die Grenzen, ich bleibe Herr des Geschehens und der Grenzerfahrungen: Ich bestimme, wer mein Nächster sein darf!

Die Logik des Samariters hingegen war nicht: Dieser ist mein Nächster, darum muss ich helfen (und wäre er nicht mein Nächster, müsste ich also nicht helfen?). Vielmehr sieht er die Not und hilft. Er nähert sich dem Verletzten, Leidenden, Nackten. Er lässt die Nähe zu, geht sie ein, wagt sie, und wird so zum Nächsten.

Aber warum? Der Überfallene ist ihm nicht näher als den anderen, wohl eher im Gegenteil, Juden und Samaritaner sind Feinde. Vermutlich hat auch der Samariter einen Zeitplan, hat Geschäfte zu erledigen, hat Menschen, die auf ihn warten. Und doch praktiziert er Werte, die über all dem stehen. Die akute Lebensgefahr des Überfallenen ist ihm wichtiger als Zeit und Geld, er „vergeudet" Öl und Wein, indem er damit Wunden reinigt. Die Not des Überfallenen ist ihm wichtiger als ethnische Grenzen und Spannungen, er zahlt sogar für seinen „Feind", einen Wildfremden, und zwar so lange, bis dieser wieder auf den Beinen ist, auf eigenen Beinen stehen kann.

Auch der Überfallene in Jesu Gleichnis macht eine Grenzerfahrung durch, halbtot, alleine, fremd, nackt, ausgeraubt und völlig mittellos. Auch er wähnt sich vielleicht, wie Jona, bereits verloren – um dann ebenfalls eine wunderbare Rettung zu erfahren: Doch nicht durch einen seltsamen Fisch, sondern durch einen normalen Menschen. Einen Menschen, der es wagt, persönliche und gesellschaftliche Grenzen zu überwinden, sich der Not zu nähern und auszusetzen, Nähe einzugehen, zu berühren und sich berühren zu lassen. Jeder Mensch ist mein Nächster – wenn *ich* auch *ihm* ein Nächster bin.

Karlfriedrich Schaller

Weihnachten auf dem Felde
oder:
Vor dem Kasernentor des EUCOM/ Stuttgart, 28. Dezember 1983

(Matthäus 2,1-16)

¹ Als Jesus zur Zeit des Königs Herodes in Betlehem in Judäa geboren worden war, kamen Sterndeuter aus dem Osten nach Jerusalem ² und fragten: Wo ist der neugeborene König der Juden? Wir haben seinen Stern aufgehen sehen und sind gekommen, um ihm zu huldigen. ³ Als König Herodes das hörte, erschrak er und mit ihm ganz Jerusalem. ⁴ Er ließ alle Hohenpriester und Schriftgelehrten des Volkes zusammenkommen und erkundigte sich bei ihnen, wo der Messias geboren werden solle. ⁵ Sie antworteten ihm: In Betlehem in Judäa; denn so steht es bei dem Propheten: ⁶ Du, Betlehem im Gebiet von Juda, bist keineswegs die unbedeutendste unter den führenden Städten von Juda; denn aus dir wird ein Fürst hervorgehen, der Hirt meines Volkes Israel. ⁷ Danach rief Herodes die Sterndeuter heimlich zu sich und ließ sich von ihnen genau sagen, wann der Stern erschienen war. ⁸ Dann schickte er sie nach Betlehem und sagte: Geht und forscht sorgfältig nach, wo das Kind ist; und wenn ihr es gefunden habt, berichtet mir, damit auch ich hingehe und ihm huldige. ⁹ Nach diesen Worten des Königs machten sie sich auf den Weg. Und der Stern, den sie hatten aufgehen sehen, zog vor ihnen her bis zu dem Ort, wo das Kind war; dort blieb er stehen. ¹⁰ Als sie den Stern sahen, wurden sie

von sehr großer Freude erfüllt. ⁱⁱ Sie gingen in das Haus und sahen das Kind und Maria, seine Mutter; da fielen sie nieder und huldigten ihm. Dann holten sie ihre Schätze hervor und brachten ihm Gold, Weihrauch und Myrrhe als Gaben dar. ¹² Weil ihnen aber im Traum geboten wurde, nicht zu Herodes zurückzukehren, zogen sie auf einem anderen Weg heim in ihr Land. ¹³ Als die Sterndeuter wieder gegangen waren, erschien dem Josef im Traum ein Engel des Herrn und sagte: Steh auf, nimm das Kind und seine Mutter, und flieh nach Ägypten; dort bleibe, bis ich dir etwas anderes auftrage; denn Herodes wird das Kind suchen, um es zu töten. ¹⁴ Da stand Josef in der Nacht auf und floh mit dem Kind und dessen Mutter nach Ägypten. ¹⁵ Dort blieb er bis zum Tod des Herodes. Denn es sollte sich erfüllen, was der Herr durch den Propheten gesagt hat: Aus Ägypten habe ich meinen Sohn gerufen. ¹⁶ Als Herodes merkte, dass ihn die Sterndeuter getäuscht hatten, wurde er sehr zornig und er ließ in Betlehem und der ganzen Umgebung alle Knaben bis zum Alter von zwei Jahren töten, genau der Zeit entsprechend, die er von den Sterndeutern erfahren hatte.
(Matthäus 2,1-16)

Liebe Menschen des Friedens Gottes,
ich begrüße euch im Namen des lebendigen Gottes, der sich an Weihnachten und jeden Tag neu in unsere Wirklichkeit einmischt, damit wir an allen Orten seine Friedensbotschaft leben können.

Eine ganz besondere Friedensbotschaft hat uns ein gewisser Matthäus in der Weihnachtsgeschichte überliefert. Er berichtet von König Herodes, den gegen Ende seiner Regierungszeit einige Wissenschaftler in Panik versetzen. Sie kommen mit der Nachricht, dass in seinem Staat eine neue Größe aufgetaucht sei, eine Alternative zu seiner Sicherheits- und Angstregierung. Da wäre irgendwo ein König geboren, der etwas mit einem Frieden ohne Angst im Sinn hätte.

Allein die Ankündigung von Alternativen versetzt Mächtige in Betriebsamkeit. Die Meinungsmacher werden versammelt und der

Fahndungsapparat läuft auf Hochtouren, wo denn dieser Friedensbringer zu finden sei. Aber Berufspolitiker haben eine sehr einseitige Sicht der Dinge. Sie sehen alles unter dem Gesichtspunkt des eigenen Machterhalts. Sie suchen nur ihresgleichen, sie verhandeln nur mit ihresgleichen, sie wittern nur ihresgleichen.

So nimmt es nicht Wunder, dass Herodes das Kind gar nicht finden kann, den eigentlichen Grund seiner Verunsicherung. Er reagiert deshalb wie jeder, der unruhig wird und den wahren Grund seiner Unruhe nicht herausfindet: Er führt einen Erstschlag, flächendeckend, rein vorsorglich.

Der Kindermord von Betlehem gehört zur Weihnachtsüberlieferung ebenso wie der Engel auf dem Hirtenfeld! Friede auf Erden – und Herodes macht einen Massenmord an unschuldigen Kindern daraus. Der Evangelist Matthäus hat das noch vertragen, was wir gerade in diesen Tagen mit Süßstoff und Kitsch verdrängen: eine unbarmherzige Angstreaktion der Machtmenschen auf Gottes barmherzige Tat der Liebe.

Diese Geschichte hat sich seither tausendfach wiederholt, weil wir bekanntlich nichts aus ihr lernen. Die unschuldigen Kinder sterben heutzutage nicht minder grausam. Jeder Uniformknopf eines Militäranzuges, jeder Gehaltszettel eines Rüstungsarbeiters, jede Mark an speziellen Forschungsinstituten ist ein Beitrag zum Mord an unschuldigen Kindern in den unterentwickelten Ländern. Pro Minute werden eine Million Dollar für die Rüstung ausgegeben und dafür sterben pro Tag 40.000 Kinder und Säuglinge an Hunger und hygienebedingten Krankheiten. Sie alle wären zu retten gewesen, wenn nur ein Bruchteil des Rüstungsgeldes für sie aufgewandt worden wäre. In den letzten Jahrzehnten sind auf diese Art und Weise, durch Irrsinnsrüstung in Ost und West, mehr Menschen ums Leben gekommen als in den beiden Weltkriegen zuvor. Und wir heißen das Frieden!

Rüstung und Macht sind immer mit dem Tod verbunden. Wer nicht zumindest die ernsthafte Fähigkeit besitzt, zu töten oder

Angst zu machen, der hat keine Macht. Das ist die Grundlage der Herodesregierung, das ist die Grundlage der Regierungen in Ost und West.

Und nun geschieht mitten drin das Unfassbare! Mitten drin, in diesem himmelschreienden Wahnsinn, setzt sich Gott durch. Der Eine, auf den es ankommt, überlebt das Massaker. Gott ist nicht einverstanden mit einem vorsorglichen Erstschlag. Und als sich 37 Jahre später dieselbe Gewaltideologie an eben diesem Einen austobt, setzt sich Gott am Ende gültig durch. So nicht! Das ist sein Widerspruch! *So* nicht! Deshalb stehen wir heute hier, um diesen Widerspruch Gottes einzuklagen: So nicht!

Und wenn sie noch so toben und drohen, noch so scheinheilig den Tod mitten in unser Land pflanzen, dieser Gott lässt sich nicht mehr vertreiben! *So nicht!* „Er äußert sich all seiner G'walt, wird niedrig und gering", damit wir erst recht den Weg zu seinem Frieden entdecken können.

Wenn die einen Raketen stationieren, dann stationieren wir Gebete. Mit aller Ohnmacht, deren wir fähig sind! Ohnmacht ist den Mächtigen allemal ein Gräuel! Mit Ohnmacht können sie nicht umgehen, aber wir werden sie nun umgehen *(die Kaserne umrunden)*, um sie mit hineinzunehmen in das Ja Gottes zu dieser Erde.

Seine Liebe gilt allen Menschen, denen vor dem Kasernenzaun und denen hinter ihm, vor dem Eisernen Vorhang und hinter ihm. Aber diese Liebe tut erst dann ihr heilsames Friedenswerk, wenn wir seinen Widerspruch am Kreuz zu unserem machen und in seiner Schwachheit durchhalten bis zu jenem Tag, an dem alle Nationalhymnen lauten: „Ehre sei Gott in der Höhe und Friede auf Erden unter den Menschen seines Wohlgefallens!"
So ist es! So wird es! Amen.

Gebet

Herr Jesus Christus,
du kennst unsere Welt aus eigener Anschauung.
Wir selber mögen manches Mal gar nicht mehr hinsehen,
so irrwitzig und grauenvoll ist das, was wir erfahren.
Wir stehen hier vor diesem ‚gottlosen' Ort, um zu zeigen,
dass deine Friedensbotschaft und deine Liebe jedem gilt.
Mach du uns heute zu Werkzeugen deiner Liebe,
damit alle Angst von uns weicht
und der Friede in die Herzen der Menschen einzieht,
die sich heute noch auf Bomben verlassen
und nicht auf dich.

Hans Häselbarth

Frieden stiften – Feinde lieben
oder:
Jesu Lehre vom Frieden

(Matthäus 5,9 und 38-48)

Selig sind die Friedensstifter; denn sie werden Gottes Kinder heißen. (Matthäus 5,9 nach Luther)

Friedenstifter – das sind nicht jene Friedlichen, die sich aus den Affären der Welt zurückziehen, sondern bei solcher „Eirenepoiesis" geht es aktiv um ein Stiften und Gestalten in einer Welt voller Gewalt. Zunächst kann uns die himmlische Neuheit der Gabe dieses Friedens in unserer Welt bewusst werden, die sonst in vielen Bereichen von Machtausübung und Vergeltung geprägt ist. Frieden im biblischen Verständnis als *Schalom* ist eine Gottesgabe, die ganzheitlich Heil und Wohl umfasst. Gott hat Versöhnung gestiftet, erkennbar daran, wie in Jesaja 53 der Gottesknecht die Strafe erleidet, „damit wir Frieden hätten". Gottes Friedenserklärung „Friede auf Erden den Menschen seines Wohlgefallens" kann uns dazu inspirieren, diesem Frieden zu dienen.

Wir teilen diese göttliche Gabe mit anderen, etwa in einem Gruß „Friede sei mit dir", und das verpflichtet. Dazu gehört sowohl der Herzensfriede wie auch Konfliktbewältigung in unseren Beziehungen und im Politischen weltweit. Gottes Frieden bleibt ja nicht jenseitig, er wird weltlich. Frieden kann bescheiden anfangen: in der

Familie, am Arbeitsplatz, durch eine versöhnliche Geste, ein verbindendes Wort, eine Meinungsänderung – bis hin zu politischen Friedensmissionen. Die Bergpredigt ist hier, bis in die Weltpolitik hinein, absolut relevant!

Dabei ist Frieden nicht nur gegeben, sondern er muss auch immer neu gesucht werden. Um Gewalt einzudämmen, müssen wir anfangen, mit ihr aufzuhören, und zwar ohne Bedingungen. Entscheidend sind an dieser Stelle nicht Worte, sondern Taten! Gewaltverzicht ist nicht Passivität, sondern aktiver Einsatz. Alle Initiativen werden gebraucht: die prophetischen und die priesterlichen, die persönlichen und die öffentlichen, auf jeden Fall die praktischen und die gewaltlosen. Unser Einsatz „Jaget dem Frieden nach" (Hebr 12,14) und unsere Antwort „Herr, mach mich zum Werkzeug deines Friedens …" sind uns daher aufgetragen – auch gegen jenen Fatalismus und jene Resignation, die meint, Streit und Kriege seien in dieser sündigen Welt unabänderlich. Kriege sind kein Schicksal und die Menschen in der Friedensbewegung sind keine Utopisten und Träumer. Immer wieder ist die Bergpredigt in dieser Richtung missdeutet worden. Haben wir die Kraft zur Umkehr?

Feindschaft und Aggression kann man nicht einfach wegwünschen, aber man kann lernen, damit umzugehen. Es geht um Übung, also um Friedenserziehung mit einem langen Atem. Da gibt es zukünftig noch vieles zu lernen. Es muss zwar manchmal gestritten werden, Meinungsunterschiede soll man nicht immer zudecken. Es kommt jedoch auf das Wie an, damit am Ende keine Seite verletzt zurückbleibt. Weil Jesus Christus unser Friede ist, können wir Friedensstifter werden, gerade auch da, wo vorher Abneigungen und Rechthaberei uns bestimmt hatten. Die sich für Frieden praktisch einsetzen, werden Gottes Kinder heißen. Das ist eine besondere Würde, für die sie glücklich gepriesen werden: Glücklich die Gotteskinder mit einem solchen Abba-Vater und vielen Geschwistern. Sie tragen etwas von der neuen Welt Gottes in die alte, und der

Geist Gottes kann ihnen in einer bestimmten Situation jeweils zeigen, was zu tun ist. (…)

³⁸ Ihr habt gehört, dass gesagt ist (2. Mose 21,24): ‚Auge um Auge, Zahn um Zahn.' ³⁹ Ich aber sage euch, dass ihr nicht widerstreben sollt dem Übel, sondern: wenn dich jemand auf deine rechte Backe schlägt, dem biete die andere auch dar. ⁴⁰ Und wenn jemand mit dir rechten will und dir deinen Rock nehmen, dem lass auch den Mantel. ⁴¹ Und wenn dich jemand nötigt, eine Meile mitzugehen, so geh mit ihm zwei. ⁴² Gib dem, der dich bittet, und wende dich nicht ab von dem, der etwas von dir borgen will.
⁴³ Ihr habt gehört, dass gesagt ist: ‚Du sollst deinen Nächsten lieben' (3. Mose 19,18) und deinen Feind hassen. ⁴⁴ Ich aber sage euch: Liebt eure Feinde und bittet für die, die euch verfolgen, ⁴⁵ damit ihr Kinder seid eures Vaters im Himmel. Denn er lässt seine Sonne aufgehen über Böse und Gute und lässt regnen über Gerechte und Ungerechte. ⁴⁶ Denn wenn ihr liebt, die euch lieben, was werdet ihr für Lohn haben? Tun nicht dasselbe auch die Zöllner? ⁴⁷ Und wenn ihr nur zu euren Brüdern freundlich seid, was tut ihr Besonderes? Tun nicht dasselbe auch die Heiden? ⁴⁸ Darum sollt ihr vollkommen sein, wie euer Vater im Himmel vollkommen ist.
(Matthäus 5,38-48 nach Luther)

Wieder liegt vor uns dieses Übungsfeld der Jesusnachfolge. Unser Leben soll durch Lieben kultiviert werden – bis hin zur Feindesliebe. Das ist nicht einfach. Wir brauchen dafür Vorbilder und Anleitungen. Die ersten Hörer hatten die Person des Meisters selbst in ihrer Mitte. Wir Heutigen haben seine Worte und sein Handeln im Evangelium vor uns. Da gilt auch für uns: Nimm sein Bild in dein Herz!

Vers 38f.: „Ihr habt gehört – ich aber sage euch …"
„Du sollst nicht töten". Manche wollen bei diesem Wortgebrauch einen Unterschied feststellen zwischen Morden und Töten. In

beiden Fällen geht es jedoch darum, einem Menschen das Leben zu nehmen. Jesus will Eindeutigkeit da, wo wir so oft im kasuistisch Ungefähren und Mehrdeutigen stecken bleiben. Hier wird alte Erfahrungsweisheit infrage gestellt und ein neuer Anfang gesetzt. Darin zeigt sich seine Autorität gegenüber der Tradition der Vorfahren. Wir spüren: das ist seine ureigenste Art der Verkündigung, hier spricht wirklich Er. Aber wie anstößig! „Auge um Auge, Zahn um Zahn" – das war ja nicht nur altjüdisches Erbe, das steckt noch heute in uns allen: Leid vergelten, Strafe und Rache üben, abschrecken, ja zurückschlagen. „Wehr dich!", das ist unser Rechtsempfinden, das bestimmt die Politik bis auf diesen Tag. Nun sollen wir von Jesus aus dieser alten Tradition herausgeführt werden. Sein Widerspruch schließt eine Tür zu und eine andere auf und stellt damit eine radikale Wende dar. Wir müssen das auf uns wirken lassen.

Vers 39-42: Jesus nennt Alltagssituationen: Im Erleiden von Gewalt nicht Vergeltung üben, bei Pfändung lieber etwas loslassen, für Begleitungen sich Zeit nehmen und weiter mitgehen, freigebig zu Bittstellern sein, Fürbitte üben und segnen. Das ist kein besonderes Idealverhalten, sondern Feindesliebe konkret, und Jesus beschreibt Alltagsszenen, in denen das einzuüben ist. Es soll möglich sein, sich verwundbar zu machen, Eigenes frei zu geben, sich bitten zu lassen, andere über das Maß der Höflichkeit hinaus zu begleiten, Schuld nicht anzurechnen, sondern zu vergeben. Die Frage wird sein, ob das über persönliche Beziehungen hinaus auch für eine Friedenspolitik unter Völkern Geltung haben kann. Kann so mit der Bergpredigt in der Welt regiert werden?

Vers 43-44: Das Wort von der Feindesliebe lässt uns fragen: Wie gehen wir mit dem Bösen um? Wir können es nicht aus der Welt und nicht einmal ganz aus unserem Herzen schaffen. Es ist meist die Angst um unsere Sicherheit, die uns noch nach Vergeltung und Waffen Ausschau halten lässt – im Kleinen wie im Großen. Es gibt aber das Glück, dass Menschen sich verändern und sogar Feinde zu

Freunden werden. Natürlich, diese Worte Jesu haben seit jeher viel Widerspruch hervorgerufen: Wird damit das Böse nicht erst recht ermutigt? Gewalt muss durch Gegengewalt begrenzt werden; es braucht ein Gleichgewicht der gegenseitigen Abschreckung, Strafe muss sein – also doch immer weiter „Auge um Auge"? Selbst wenn es kein deutliches Ja zur Gewalt ist, bleibt bei Vielen doch eher eine Resignation, wie sie Bert Brecht beschreibt: „Die Welt ist arm, der Mensch ist schlecht. Wer wollt auf Erden nicht ein Paradies? Doch die Verhältnisse, gestatten sie's?" Viele Fromme denken ebenso und vertrösten auf eine Zeit des Friedens am Ende der Tage. Dann kann der Wolf gerne neben dem Lamm liegen.

So aber spricht Jesus nicht. Er stellt vielmehr die Mittel infrage, mit denen wir jetzt dem Bösen begegnen wollen. Er vertraut, dass wir Feindesliebe wirklich heute praktizieren können. Dabei geht es ihm nicht um Unterwürfigkeit. Er lehnt Gewalt ab, meint aber auch nicht Passivität, sondern beschreibt einen dritten Weg. Dieser stellt nun einen wahrhaften Entwicklungsschritt in der Menschheitsgeschichte dar – weg von jeder Gewaltverherrlichung, auch weg vom Vertrauen auf eine irgendwie erlösende Gewalt. Hier umzudenken ist eine radikale Wende und das zu erkennen braucht noch viel Geduld und langen Atem. Die Christen der ersten Jahrhunderte nahmen das Wort von der Feindesliebe so ernst, dass sie als Getaufte den Kriegsdienst verweigerten. Erst die späteren Bündnisse von Thron und Altar haben diesen radikalen Gehorsam aufgeweicht.

Vers 45-48: „Liebet eure Feinde!" Es geht dabei nicht allein um Gefühle und gute Absichten, sondern auch um Einsicht, um eine „intelligente" Feindesliebe. Also keine reine Gesinnungsethik, sondern eine rationale und realistische Verantwortungsethik. Das hat Jürgen Moltmann in seiner „Ethik der Hoffnung" (Gütersloh 2010, S. 225–227) festgestellt. Weil mit dieser Liebe auch Vorgaben von unserer Seite zu bringen sind, spricht er auch von einer „Ethik der Zuvorkommenheit". Kurzgefasst ist dies sein Gedankengang: Es gilt, sich Feindschaft nicht vom Feind aufdrängen zu lassen. Dafür ist die Orientierung wichtig: Wir sind nicht die Feinde unserer Feinde, sondern „Kinder unseres Vaters im Himmel". Also werden wir Hass nicht mit Hass beantworten und nicht Vergeltung üben. So schaffen wir dem Feind Raum, von seiner Feindschaft zu lassen. Ihm gebührt die gleiche Würde und die gleichen Menschenrechte, die ich für mich in Anspruch nehme, er darf also nicht verteufelt werden. Dabei ist wichtig, die Gründe einer entstandenen Feindschaft zu kennen. Weil Aggressionen meist aus erlittenen Kränkungen entstehen, ist es gut, seine Leidensgeschichte zu hören und darauf einzugehen.

Es kann in dieser Anweisung immer nur um die Einladung gehen, sich auf einen solchen Lebensstil der Gewaltlosigkeit einzulassen. Umso wichtiger sind Bekenner des Friedens mit ihren Lebensgeschichten. In ihre Ahnenreihe wollen wir uns einreihen. Wir können Feindesliebe nicht von denen fordern, denen das Evangelium fremd ist. Es gilt immer zuerst bei sich anzufangen. In einer Welt der Gewalt können wir als eine Minderheit nur Zeichen für den gewaltlosen Weg sein. Dabei muss die Kirche in ihrem Friedensauftrag selbst so viel wie möglich eines Sinnes werden. In ihr dürfen sich nicht nur die Uneinigkeiten der Gesellschaft widerspiegeln. Ist das nur ein frommer Wunsch?

Weil aber Gott seine Sonne über Gerechten und Ungerechten aufgehen lässt – welch eine großartige Botschaft des Gottes der großzügigen Gnade –, sind beide nicht ferne von seinem Reich. Im Neuen Testament gilt die Nächstenliebe ebenso dem Fremden wie dem Feind. Diese Nächstenliebe ist Voraussetzung für Toleranz. Gerd Theißen hat deutlich gemacht, dass sie keine Selektion erlaubt: „Mitten in allen Religionen wurde in der Bibel ein neuer Schritt getan: im Gottesglauben der Bibel vollzog sich ein Umschlag vom Selektionsdruck zur Liebe, vom Moraldruck zur Gnade" (Glaubenssätze. Ein kritischer Katechismus. Gütersloh 2012, S. 422f.).

Im gleichen Sinne lesen wir bei Jürgen Moltmann: „Sonne und Regen ... sind die realen Kräfte für alles Lebendige auf dieser Erde. Sie geben Leben ohne Unterschied Bösen und Guten, Freunden und Feinden. Sonne und Regen sind offensichtlich nicht an unseren Konflikten und Feindschaften interessiert, sondern daran, dass wir gemeinsam leben. So soll auch Feindesliebe Feindschaft überwinden und dem gemeinsamen Leben dienen."

Jesus traut den Seinen darin eine Vollkommenheit zu, wie sie in Gott selbst ist. Wir halten den Atem an: das sollen wir sein? Doch das ist nicht als Bedingung und Forderung, sondern eben als eine Einladung zu verstehen, sich auf einen Weg der Heiligung zu machen: Ihr *werdet* vollkommen sein! Nun, Gottes eigene Vollkommenheit ist seine göttliche Barmherzigkeit (Lukas 6,36). Er möchte sie wiederum in uns gelebt sehen und uns damit in sein Bild verwandeln. Wie Gott in seiner Liebe ohne Grenzen ist, dürfen es auch seine Glaubenden sein und darin sogar die Feinde mit einbeziehen.

Trotz aller möglichen Enttäuschungen, über mich und andere, wird mir zugesprochen: Du kannst der Mensch einer größeren Liebe werden! Das ist ein Ziel, das wir nicht von uns aus erlangen, doch zählt unser Wille auf dem Weg dahin. Zum lutherischen Verständnis der Rechtfertigung muss an dieser Stelle auch ein deutlicher Wille zur Heiligung gehören. Das ist so, als würde uns zugerufen: Weitet eure Herzen und gebt Raum dem Unerhörten! Wir brauchen dafür die Gaben des Heiligen Geistes und seine geistliche Waffenrüstung, wie sie uns in Epheser 6 beschrieben ist, um dem Bösen mit Gutem zu begegnen und die alten Feindbilder zu überwinden.

Dieser Text ist ein Auszug aus Hans Häselbarth: Gewaltlos Frieden machen. Impulse für eine Neuorientierung der Kirche. Selbitz 2013, S. 10–16.

Theodor Ziegler

Intelligente Feindesliebe[1]

(nach Matthäus 5,43-48 und 7,12)

Befreit das Evangelium
aus den Innentaschen
eurer Sonntagsanzüge.

Steigt in die Haut eures Feindes,
betrachtet die Welt
und euch selbst
mit seinen Augen
und durch seine Brille.

Lernt seine Sprache
und schlagt
seine Geschichtsbücher auf.
Lest darin
und seht euch
auch die Bilder an.

Auch wenn der Terrorsplitter
im Auge eures Feindes
nicht gerade klein ist –
ihr habt mit Eurem NATO-Balken
genügend zu tun.

---

1 „Intelligente Feindesliebe" ist ein von Carl Friedrich von Weizsäcker in den 1980er-Jahren in die Friedensdiskussion eingebrachter Begriff.

Liebet eure Nächsten (Feinde),
denn sie sind
– bei allen Unterschieden, versteht sich –
wie ihr.
Sie sind eure Bedrohung,
wie ihr ihr Schrecken seid.

Alles, was ihr wollt,
das euch die Anderen nicht androhen,
das droht ihnen auch nicht an.
Bewaffnet euch so,
wie ihr wünscht,
dass euer Feind bewaffnet ist.

Wenn ihr nicht miteinander
umkommen wollt,
müsst ihr lernen,
miteinander auszukommen.

Andrea Heußner

Vom Vergeben
oder:
Entfeindung

(Matthäus 5,38-41)

³⁸ Ihr habt gehört, dass gesagt worden ist (2. Mose 21,24): ‚Auge für Auge und Zahn für Zahn.' ³⁹ Ich aber sage euch: Leistet dem, der euch etwas Böses antut, keinen Widerstand, sondern wenn dich einer auf die rechte Wange schlägt, dann halt ihm auch die andere hin. ⁴⁰ Und wenn dich einer vor Gericht bringen will, um dir das Hemd wegzunehmen, dann lass ihm auch den Mantel. ⁴¹ Und wenn dich einer zwingen will, eine Meile mit ihm zu gehen, dann geh zwei mit ihm.
(Matthäus 5, 38-41)

An diesen Text schließt sich das Kapitel über die Feindesliebe an. Entfeindung, darum geht es: dass sich alle Menschen als Menschen anerkennen und behandeln. Man muss sich nicht gleich lieben, aber zumindest mit Respekt begegnen. Wo der Respekt verloren geht, vor dem Freund oder vor dem Feind, wird Menschenwürde angekratzt; da werden Menschen an Leib oder Seele verletzt. Entfeindung heißt das große Ziel, aber wir wissen ja, dass es oft Zwischenschritte braucht, um so ein riesiges Vorhaben zu erreichen.

In den Beispielen, die Jesus beschreibt – mit der Wange, dem Mantel und der Meile –, ist es noch ein weiter Weg zum Ziel. In jeder

der beschriebenen Situationen gibt es einen Unterdrücker und jemanden, der unterdrückt wird. Das hat nichts mit gleicher Augenhöhe und Respekt zu tun. Echte Entfeindung kann es nur zwischen gleichwertigen Partnern geben, nicht zwischen Menschen, die sich Wert und Würde absprechen.

Ich glaube nicht, dass in diesem Text generell verboten wird, Widerstand zu leisten (oder – wie Luther übersetzt – dass man „dem Übel nicht widerstreben" soll). Es geht um die Art des Widerstandes: Nicht weiter „Auge um Auge", aber Widerstand gegen ein „gleich und gleicher", gegen Respektlosigkeit und gegen Strukturen, die diesen Teufelskreis des „Zahn um Zahn" manifestieren. Böses nicht mit Bösem zu vergelten kann ja nicht heißen, Böses hinzunehmen.

Deswegen habe ich immer Schwierigkeiten mit Auslegungen zu diesem Text, die nur betonen, dass wir Christen Unrecht aushalten und immer demütig sein müssen, um den Frieden zu wahren, weil das in meinen Augen nur die halbe Wahrheit ist, solange damit nichts an der Ungleichheit geändert wird, was ja die Basis für echte Entfeindung ist.

Darum war ich froh, als ich Überlegungen des US-amerikanischen Theologen Walter Wink zu diesem Text gefunden habe, die zum Widerstand aufrufen – nicht um des Widerstandes willen, sondern als Mittel zum Zweck, als Zwischenschritt, um zu einer Basis zu kommen, auf der Menschen sich auf gleicher Augenhöhe und mit Respekt begegnen, damit *von dort aus* um Entfeindung gerungen werden kann. Diese Gedanken möchte ich mit Ihnen durchkauen, um dann zu überlegen, was das für diakonisches Handeln bedeuten kann.

Zunächst ist wichtig, zu wem Jesus da eigentlich gesprochen hat. Seine Zuhörer waren Menschen, die wir heute als „sozial schwach" oder randständig bezeichnen würden. Menschen, die keinerlei Chance hatten, sich gegen die ungerechten Strukturen im damaligen Israel zu stellen, weil sie zu den Verlieren der Gesellschaft

gezählt haben. Er hat zu Menschen gesprochen, die jederzeit in eine dieser Situationen kommen konnten, in denen ihre Würde mit Füßen getreten wird. Für diesen Fall hat er konkrete Vorschläge gemacht:
- Halte auch die andere Wange hin.
- Gib auch den Mantel her.
- Geh zwei Meilen mit.

Was hat das mit Gerechtigkeit und Würde zu tun? Das ist doch eher übertrieben, ja, ungerecht und unterwürfig! Aber nur auf den ersten Blick.

1. Im ersten Beispiel spricht Jesus von der rechten Wange. Jetzt bitte ich Sie kurz um räumliches Denken: Die rechte Wange meines Gegenübers treffe ich nur, wenn ich meine Rückhand nehme. Ein Zeichen tiefster Entwürdigung. Mit dem Handrücken hat man Sklaven geschlagen, also Menschen, die nicht als gleichwertig angesehen wurden, sondern die niedriger gestellt waren, gar als „Untermenschen" galten. Eigentlich geht es also überhaupt nicht um den Schlag, sondern um die Erniedrigung und Entwürdigung, und das ist sehr viel schmerzhafter.

Was passiert also, wenn der Geschlagene die andere, die linke Wange hinhält? Er führt sein Gegenüber in eine Zwickmühle. Entweder er muss die Faust nehmen oder die rechte Vorderhand. So oder so nimmt er den anderen aber als ebenbürtig an. Die linke Wange hinzuhalten heißt also nicht, sich demütig schlagen zu lassen und selbst passiv zu bleiben, sondern aktiv zu werden und eines klar zu stellen: „Du kannst mich schlagen, aber du kannst mir meine Würde nicht nehmen. Du hast vielleicht mehr Macht als ich, aber nicht mehr Würde."

Diesen Kampf hat der Angreifer verloren, selbst wenn er nochmal zuschlägt. Damit ist der Geschlagene derjenige, der die Szene erhobenen Hauptes verlassen kann.

2. Die zweite Szene spielt vor Gericht, es geht ums letzte Hemd. Durch ein ungerechtes System haben viele Juden erst ihre Häuser verloren und sind dann bei den römischen Besatzern in die Schuldenfalle geraten. Das Recht stand auf Seiten der Gläubiger und Jesus hat dazu geraten, die ungerechten Gesetze über-zu-erfüllen, um sie auf diese Weise ad absurdum zu führen. Der Tipp, den er gibt, ist nicht unproblematisch, denn praktisch heißt das, dass da jemand splitternackt vor Gericht steht, wenn er das letzte Hemd – die Unterwäsche – hergibt, und dazu das Obergewand. Das ist peinlich!

Aber entblößt ist jemand anderes: nämlich der Gläubiger bzw. das System, das dermaßen ungerechte Gesetze erlässt und schützt. Denn der Gläubiger, dem klar ist, dass ihn vor Gericht keine Gerechtigkeit erwartet, sagt nonverbal: „So, jetzt habt ihr alles, was ich noch besaß, außer mein nacktes Leben. Wollt ihr das als nächstes?" Die Empfehlung Jesu ist ein Vorschlag, mit dem gesamten System so zu verfahren, dass seine Grausamkeit entlarvt wird und dass seine Spielregeln der Lächerlichkeit preisgegeben werden.

Mächtige leben davon, dass vor ihrer Macht gekuscht wird. Nichts entmachtet schneller, als gelungene Veralberung. Aus dem Opfer, das kuscht, reagiert und gehorcht, wird eine Person, die agiert und die Initiative ergreift, auch wenn die strukturellen Bedingungen noch lähmend sind.

3. Beim dritten Vorschlag – eine weitere Meile mitzugehen – geht es ebenfalls um die Übererfüllung eines Gesetzes. Ein Soldat konnte einen Zivilisten zwingen, sein Gepäck eine Meile zu tragen. Die Römer waren so schlau, diese Form der Zwangsarbeit auf eine Meile zu begrenzen, um das besetzte Volk nicht zum Widerstand zu reizen. Soldaten, die mehr von den Zivilisten forderten, als eine Meile mitzugehen, wurden bestraft. Jesus rät nicht zu Kampf und Revolution, aber er hat eine Idee, durch die die Unterdrückten wieder an den Drücker kommen. Stellen sie sich mal die Situation vor: Nach einer Meile kommt der Meilenstein in Sicht, der Zivilist schleppt

schwer an den 30 Kilo und sagt dann: „Ach komm, ich trag noch eine Meile weiter." Das verunsichert den Soldaten, weil er nicht weiß, worauf das rausläuft. Er hat nicht mehr im Griff, was kommt. Das kennt er nicht. Und was passiert, wenn er erwischt wird, wie der Zivilist eine zweite Meile weiterträgt? Merken Sie, wie der Spieß umgedreht wird, wenn der Soldat dann dasteht und bitten muss: „Ach bitte, gib mir mein Gepäck wieder." Jetzt ist er derjenige, der nur noch reagieren kann.

An diesen drei Beispielen wird deutlich: Die Entrechteten haben mehr Verhaltensmöglichkeiten, als sich zu fügen. Es gibt mehr Möglichkeiten, als zu kuschen oder eine gewaltsame Revolution vom Zaun zu brechen.

Jesus beschreibt einen dritten Weg. Diese Aktionen bewirken zwar nicht gleich eine Systemänderung, vermutlich ändern sie nicht mal das Herz des Soldaten oder des Richters. Das ist auch erst der zweite Schritt. Zunächst verändert sich etwas bei denjenigen, die so frech und mutig handeln:
- Sie gewinnen Selbstbewusstsein zurück.
- Sie kommen von der Passivität zur Aktivität.
- Sie aktivieren in sich selbst Quellen des Mutes und der Kraft, die sie vorher vielleicht gar nicht kannten.

Für Menschen, die vorher nichts kannten als „sich fügen" und mit Demütigungen leben, weil sie sich selbst minderwertig vorkommen, weil sie immer so behandelt werden, ist auch so ein kleiner Schritt wichtig, um den Glauben an die eigene Würde wieder zu erlangen. Sich selbst mit Respekt zu begegnen, um in einem zweiten Schritt auch andere daran zu erinnern, dass man ein Recht darauf hat, mit Respekt behandelt zu werden.

Nachdem eine verbale Erinnerung in Systemen, die schief hängen, vermutlich nicht reicht, schlägt Jesus Aktionen vor, die Menschen, Behörden und Strukturen unterbrechen, ja stören, ohne zu zerstören oder zu verletzen. Dabei ist er sehr kreativ, und ich glaube, der Text möchte uns anregen, genauso phantasievoll zu sein im gewaltfreien Widerstand gegen Systeme und Strukturen, die eine Unterbrechung nötig haben, weil sie ungerecht sind oder die Würde von Menschen verletzen. Viele Menschen sind immer noch so entwürdigt und geschwächt, dass sie selbst nicht initiativ werden können.

Was ist in diesen Situationen diakonischer, als zu schreien für die, die keine Stimme mehr haben oder deren Stimmen nicht gehört werden? Was ist diakonischer, als sich von der Kreativität Jesu anregen zu lassen und Wege zu finden, dort gehört zu werden, wo man eigentlich nichts zu sagen hat? Diese Arbeit der Anwaltschaft ist wichtig, aber nicht alleine im Kämpfen *für* benachteiligte Menschen und ihre Würde, sondern vor allem im Kämpfen *mit* ihnen bzw. in der Hilfe zur Selbsthilfe, damit Betroffene selbst handeln können.

Jesus hat nicht persönlich mit den Soldaten debattiert. Er hat Tipps gegeben, damit die Betroffenen aktiv werden können und nicht auch noch von denen entwürdigt werden, die ihnen helfen wollen, weil man sie dabei aus Versehen wieder zu Objekten macht – auch wenn es dann Objekte diakonischer Arbeit sind.

Aber nun zurück zu uns. Wie realistisch ist das Ganze?

Viele wissen von der Arbeit gegen Rechtsextremismus, die in Wunsiedel geleistet wird – für mich ein Beispiel, dass Dinge erreicht werden können, die kaum ein Mensch für möglich gehalten hat, wenn man sich nicht einfach fügt in Gesetze und Umstände, die zum Himmel schreien. Auch Attac, Greenpeace und viele kleinere Organisationen beweisen, was möglich ist, wenn man die Augen aufmacht, Mut hat und Ideen sammelt.

Ich stelle mir vor, dass Kirche und Diakonie bei der Auflistung solcher Organisationen sehr weit vorne stehen, weil wir alles haben, was wir dafür brauchen:

- Wertvorstellungen, die jeden Menschen als Geschöpf Gottes achten und seine unveräußerliche Würde sehen,

- sowie das Vertrauen, dass alle Dinge möglich sind bei Gott, dass wir über Mauern und Grenzen springen können und dass wir das Mögliche erreichen, wenn wir das Unmögliche versuchen.

Auch wenn das sicher nicht immer leicht ist, oft zu Ärger und Konflikten führt und Geduld, Ausdauer, Mut und viel Liebe fordert: Wer soll diese Hoffnung haben, weitergeben und leben, wenn nicht wir Christen? Wer steht auf einem so tragenden Grund, Verantwortung zu übernehmen und die Konsequenzen für unser Handeln zu tragen? Und wer soll gewaltfreie, aber wirkungsvolle Ideen entwickeln können, wenn nicht wir – bei dem Vorbild, dem wir nachfolgen?

Ich glaube nicht, dass es Zufall ist, dass Jesus kurz nach diesen herausfordernden Passagen über das Beten spricht und uns das Vaterunser schenkt. Denn darin liegt die Kraftquelle, die wir brauchen, wenn wir „bekennende Diakonie" sein wollen. „Dein Reich komme!": das ist eine Sache des Betens *und* des Handelns.

Veronika Hüning

Von der bittenden Witwe
oder:
Pocht auf eure Rechte!

(Lukas 18,1-8)

Zum Weltgebetstag der Frauen 2012
Partnerland Malaysia

¹ Jesus sagte ihnen durch ein Gleichnis, dass sie allezeit beten und darin nicht nachlassen sollten: ² In einer Stadt lebte ein Richter, der Gott nicht fürchtete und auf keinen Menschen Rücksicht nahm. ³ In der gleichen Stadt lebte auch eine Witwe, die immer wieder zu ihm kam und sagte: Verschaffe mir Recht gegen meinen Feind! ⁴ Lange wollte er nichts davon wissen. Dann aber sagte er sich: Ich fürchte zwar Gott nicht und nehme auch auf keinen Menschen Rücksicht; ⁵ trotzdem will ich dieser Witwe zu ihrem Recht verhelfen, denn sie lässt mich nicht in Ruhe. Sonst kommt sie am Ende noch und schlägt mich ins Gesicht. ⁶ Und der Herr fügte hinzu: Bedenkt, was der ungerechte Richter sagt. ⁷ Sollte Gott seinen Auserwählten, die Tag und Nacht zu ihm schreien, nicht zu ihrem Recht verhelfen, sondern zögern? ⁸ Ich sage euch: Er wird ihnen unverzüglich ihr Recht verschaffen. Wird jedoch der Menschensohn, wenn er kommt, auf der Erde (noch) Glauben vorfinden?
(Lukas 18,1-8)

„Sollte Gott seinen Auserwählten, die Tag und Nacht zu ihm schreien, nicht zu ihrem Recht verhelfen, sondern zögern?" Diese Frage ist der Kern der Erzählung von der Witwe und dem so genannten gottlosen Richter. Sie ist eine Verheißung in Frageform und zugleich eine Herausforderung an die Hörenden. Eine Verheißung, eine Zusage Gottes, die lautet: „Ich bin euer Gott und ich höre eure Klage. Ich werde nicht zögern, den Unterdrückten zu ihrem Recht zu verhelfen. Ich werde für Gerechtigkeit sorgen." Eine Verheißung, die uns herausfordert, uns zu entscheiden: Wollen wir das glauben? Verlassen wir uns darauf? Und vor allem: Beteiligen wir uns daran?

Ich will dieses Gleichnis Jesu als *Evangelium* lesen, als Frohe Botschaft, als Botschaft, die Hoffnung stiftet. Die Botschaft des Gleichnisses ist an verschiedene Personengruppen gerichtet – damals und heute. Ich sehe eine dreifache Botschaft:

1. Das Gleichnis wendet sich vor allem an die Menschen, die zur Zeit Jesu unterdrückt und entrechtet waren; nicht nur so ein bisschen benachteiligt, sondern lebensbedrohlich an den Rand gedrängt, in die Armut gestoßen, ohne Zukunftsperspektive. Die Witwe steht als Beispiel für diese gesellschaftlichen Gruppen, weil die Witwen damals sozial nicht abgesichert waren und sich selten Gehör verschaffen konnten vor den mächtigen Instanzen.

Wenn wir an Malaysia denken, sind das heute die Mädchen und Frauen (oft aus ärmeren Nachbarländern), die ohne Arbeitsvertrag als Hausangestellte arbeiten, vielfach unter menschenunwürdigen Bedingungen.

Das Wunderbare in dem Gleichnis Jesu ist nun, dass er ausgerechnet von dieser Witwe eine Parallele zu den „Auserwählten" zieht. Die „Auserwählten" in seiner Beispielgeschichte sind nicht die berufenen Apostel oder die Getreuen in seiner Nachfolge. Es ist nicht der kleine, heilige Rest, dem er verspricht: Für euch wird Gott sich stark machen; ihr habt es schließlich verdient! Die „Auserwählten", das sind die Schwachen, die Unterdrückten. Jesus hat immer an deren Seite gestanden. Für sie wiederholt er die Verheißung Gottes, seines Vaters: Er wird der Gerechtigkeit zum Sieg verhelfen. Pocht beharrlich weiter auf eure Rechte! Ja, Gott wird das Reich der Gerechtigkeit aufrichten!

Doch unsere Frage bleibt: Wann endlich? Und wie wird er das tun? Wir erleben in der Realität – so wie wir sie deuten – doch eher, dass Gott „zögert". Jedenfalls greift er nicht unmittelbar ein und stellt Gerechtigkeit her wie ein allmächtiger Regisseur der Weltbühne. Ich glaube: Er braucht uns als „Werkzeuge"; er setzt auf uns als „Täter" seiner Gerechtigkeit, auch wenn wir dabei immer wieder an unsere Grenzen stoßen werden.

2. Die Botschaft des Gleichnisses ist auch an die „Richter" seiner Zeit adressiert, an die Menschen mit Entscheidungsgewalt. Der Richter in dem Gleichnis wird als „gottlos" und rücksichtslos beschrieben, d. h. ihm ging die Situation der Witwe nicht zu Herzen und er dachte nicht daran, dass er sich vor einer höheren Instanz für seine Entscheidungen würde verantworten müssen. Doch schließlich fällt er ein Urteil im Interesse der Witwe – allerdings nur, weil sie ihn so lange bedrängt hat. Und vor allem aus Angst, ihre Not könnte in Wut und Gewalt umschlagen.

Das Gleichnis von der Witwe und dem Richter steht nicht zufällig im Zusammenhang mit den Reden Jesu über das Weltgericht, zwischen den Ankündigungen der Endzeit und den Erzählungen von Jesu letzten Tagen in Jerusalem. Die Botschaft lautet: Ihr, die ihr's zu sagen habt, ihr habt noch eine Chance! Kehrt um und tut das Richtige! Handelt gerecht, bevor es zu spät ist!

In Malaysia steht kein gewaltsamer Aufstand der Hausangestellten bevor. Es sind die ungerechten Strukturen, die *in sich* gewaltsam sind und die Gewalttaten zulassen: Beleidigungen, Bedrohungen, sexuelle Gewalt und Misshandlungen. Für die Betroffenen ist eine starke Unterstützung notwendig, damit sie nicht allein klagen und bitten, damit die Klagen lauter werden, die Bitten drängender und so die Bittsteller mächtiger.

3. Und deshalb höre ich vor allem eine dritte Botschaft: die Botschaft an diejenigen, die nicht Witwe und nicht Richter sind, sondern Mitmenschen, die „Nächsten", damals in Israel, heute in Malaysia; die Botschaft an uns: Wird der Messias Menschen des Glaubens antreffen, wenn er am Ende der Zeiten über Gut und Böse urteilt? Wird er also Menschen antreffen, die sich an Jesu Wort und Beispiel festgemacht haben, die auf der Seite der Entrechteten und Unterdrückten gestanden haben wie er? Menschen, die dort, wo sie Einfluss hatten, für Gerechtigkeit gesorgt haben? Die dafür *aufgestanden* sind, obwohl das mühsam ist und vielfach nicht von Erfolg gekrönt?

Ich denke, bei der malaysischen Organisation Tenaganita, die sich für entrechtete Frauen und Mädchen einsetzt, sind solche Menschen zu finden. Und wir gehören an ihre Seite. Auf die Seite der *tätig* Glaubenden.

Es ist ein Glaube mit Konsequenz.

Der erste Vers des Evangeliums legt nahe, dass *Beten* eine Konsequenz ist. „Betet und lasst darin nicht nach!" Ich bin damit einverstanden, wenn wir das Motto des Weltgebetstags beachten: „Informiert beten – betend handeln". Es zeigt deutlich die Einheit auf zwischen (sich) informieren, beten und handeln. In diesem Fall heißt das: *Wissen,* in welcher Situation viele Hausangestellte in Malaysia leben, und andere darüber aufklären; für die Menschenwürde der Mädchen und Frauen beten, mit ihnen *gemeinsam* beten; und uns an *Aktionen* beteiligen, am Einsatz für mehr Gerechtigkeit, z. B. die Petition unterzeichnen, in der die Umsetzung der ILO-Konvention gefordert wird, ein Gesetz für menschenwürdige Arbeit und faire Arbeitsbedingungen (ILO = Internat. Arbeitsorganisation).

Wenn das geschieht, dann verwirklicht sich etwas von der Verheißung, die Jesus aussprach und *lebte:* dass Gott denen zum Recht verhilft, die zu ihm schreien.

Wir können uns darauf verlassen, dass Gott unsere Bitten hört und unser Tun zu einem guten Ende führen wird. Er geht unsere Schritte mit und ist bei uns alle Tage.

Wiebke Jung

Jesus und die Ehebrecherin
oder:
Entwaffnende Begegnung

(Johannes 8,3-11)

Seit einer Reise nach Israel und Palästina vor einiger Zeit schaue ich täglich besonders aufmerksam, gebannt und hilflos auf die Gewaltspirale im Nahen Osten. Die Geschwindigkeit, mit der sie sich dreht, macht mir Angst, in dem tiefen Wissen, dass jeder Angriff den Hass wachsen lässt. Zugleich trage ich ein Thema in mir, das mit meinem ehrenamtlichen Engagement zu tun hat: Der Verein, in dem ich mitarbeite – „Ökumenischer Dienst / Schalomdiakonat" (heute *gewaltfrei handeln e. V.*) –, bildet Menschen in ziviler Konfliktbearbeitung aus, „Friedensfachkräfte" werden sie auch genannt. Unser diesjähriges Sommertreffen (2006) haben wir unter das Motto „Entwaffnende Begegnung" gestellt. Ich bin daher auf der Suche nach Bildern und Geschichten zu entwaffnender Begegnung. Natürlich schaue ich in Jesu Begegnungsgeschichten nach, finde viele und bleibe bei dieser hängen:

[3] Da brachten die Schriftgelehrten und die Pharisäer eine Frau, die beim Ehebruch ertappt worden war. Sie stellten sie in die Mitte [4] und sagten zu ihm: Meister, diese Frau wurde beim Ehebruch auf frischer Tat ertappt. [5] Mose hat uns im Gesetz vorgeschrieben, solche Frauen zu steinigen. Nun, was sagst du? [6] Jesus aber bückte sich und schrieb mit dem Finger auf die Erde. [7] Als sie hartnäckig weiterfragten,

richtete er sich auf und sagte zu ihnen: Wer von euch ohne Sünde ist, werfe als erster den Stein auf sie. [8] Und er bückte sich wieder und schrieb auf die Erde. [9] Als sie seine Antwort gehört hatten, ging einer nach dem anderen fort, zuerst die Ältesten. Jesus blieb allein zurück mit der Frau, die noch in der Mitte stand. [10] Er richtete sich auf und sagte zu ihr: Frau, wo sind sie geblieben? Hat dich keiner verurteilt? [11] Sie antwortete: Keiner, Herr. Da sagte Jesus zu ihr: Auch ich verurteile dich nicht. Geh und sündige von jetzt an nicht mehr!
(Joh 8, 3-11 ohne Vers 6a, der von den meisten Exegeten als aus apologetischen Gründen hinzugefügt angesehen wird und eine judenfeindliche Interpretation des Textes unterstreicht; vgl. dazu vor allem den Johannes-Kommentar von Klaus Wengst)

Mein Thema ist nicht Gewalt gegen Frauen, nicht Ehe- und Sexualmoral, obschon diese Geschichte auch dazu wichtige Anstöße enthält. Mein Thema sind die Steiniger, die die Steine schon in den Händen halten, um zu töten. Die, die Recht haben und dabei sind, das „Böse" aus ihrer Gemeinschaft wegzuschaffen. Und meine Frage ist: Wie eigentlich gelingt es, dass sie aufhören, die Steine weglegen, gehen? Wie eigentlich bekommt das Objekt ihres Handelns, diese namenlose Frau, wieder Raum zum eigenen Handeln? Was macht Jesus in dieser Begegnung? Was macht sie zur entwaffnenden Begegnung? Und: Kann ich das lernen? Können vielleicht sogar ganze Völker das lernen?

Lassen Sie uns zunächst mal genau hinschauen – ins Johannes-Evangelium und auf diesen Text. Diejenigen, die sich die Texte kritisch anschauen, haben viele begründete Zweifel daran, dass dieser Text ursprünglich hier gestanden hat. Irgendwie ist er spät – im zweiten Jahrhundert wohl – hineingeraten in das Johannesevangelium. Stand er vorher anderswo? War die Geschichte zu anstößig, um gleich in einem Evangelium Platz zu finden? Ist sie erst im zweiten Jahrhundert das erste Mal erzählt worden? Manche sind froh, dass wir diese hinein gestreute „Perle" in unserer Bibel finden, andere weniger. Ich denke, dass sie mit kräftigen Strichen ein Bild Jesu Christi zeichnet und dass sie deshalb ihren Platz gefunden und behalten hat.

Anstößig ist sie, weil sie mich irritiert in meinem vermeintlichen Wissen um Gut und Böse, und wichtig ist sie gerade deshalb. Da ist zunächst ein ziemlich archaisches Geschehen. Wir würden es heute in ein weit entferntes Land und „natürlich" muslimisches Dorf verlegen. Eine Frau hat Ehebruch begangen. Sie ist sogar auf frischer Tat ertappt worden. Sie wird herbeigezerrt. Es bildet sich ein Kreis um sie. Steine sind schnell zusammengesucht und in den Händen. Gleich wird der erste Stein geworfen werden ...

Wir fühlen uns aufgeklärt, erhaben über solche Formen des Gerichts. Doch es sei hier festgehalten: Es gab sie so oder ähnlich auch in jüdisch und christlich geprägten Gesellschaften vor gar nicht so langer Zeit. Manche erinnern sich vielleicht an die gar nicht so alte Geschichte von Alexis Sorbas: In einem christlichen Dorf in Griechenland wird da eine Witwe gesteinigt, weil sie eine Liebesbeziehung zu einem Fremden eingegangen ist. Und es gab und gibt andere brutale Formen, Menschen, die tun, was wir moralisch verurteilen, auszugrenzen und ihnen jede Handlungsmöglichkeit zu nehmen. Ich muss nicht unbedingt einen Stein in die Hand nehmen, um gewalttätig zu sein. Und: Wer Bomben wirft, Kanonen abschießt, Kampfdrohnen fernsteuert, muss es noch nicht einmal mehr aushalten, das Opfer anzuschauen.

Gehen wir also zurück in diesen Teufelskreis, der so weit weg nun doch nicht ist. Halten wir die Nähe zu diesen Fanatikern, von denen wir uns so schnell distanzieren wollten, doch mal aus. Schauen wir, was genau hier geschieht:

Diesmal ist da noch jemand in der Nähe, ein Rabbi, eine Autorität. Ihm wird die Sünderin vorgestellt: Schau, was wir hier haben! Schau, wie streng wir mit dem Gesetz umgehen! Es war wohl die fundamentalistische Fraktion, die hier vorgestellt wird, denn schon von Beginn an wurde in den rabbinischen Schulen – wie übrigens auch in den Disputen anderer Religionen – viel Klugheit darauf verwendet, Todesstrafen, und gerade Steinigungen, möglichst *nicht* durchzuführen. Und auch unter den Christen des zweiten Jahrhunderts gab es Streit über die Folgen unmoralischen Verhaltens. Auch hier die brennende Frage: Was sollen wir, die wir uns richtig verhalten, mit einer ehebrecherischen Christin tun?

Hier scheint es, als könne sich der Richtkreis nicht ganz rund aufbauen, als sei er von vornherein angeknackst durch einen, der da ist und nicht dazu gehört – einen mit Autorität. Man muss versuchen, ihn hineinzuziehen. „Deine Tradition sagt doch auch …!?" Er aber bleibt einfach sitzen und malt etwas auf den Boden. Ruhig, als gehe es hier nicht um Gut und Böse, Leben und Tod. Der lässt sich nicht hineinziehen, nicht emotional und nicht mit dem Argument der Tradition. Ihre hartnäckigen Fragen setzen ihm nicht zu. Er sucht den Abstand, er verlangsamt die Dynamik, die ihren Höhepunkt hat, wenn der erste Stein fliegt. Niemand würde hinterher sagen können, wer den ersten Stein warf, aber er wird der Auslöser sein für das hemmungslose Werfen und den herabprasselnden Mord, den sie alle ausführen.

Genau diesen ersten Stein, diesen ersten Steinewerfer spricht Jesus nun an. Aus der Menge macht er wieder einzelne, verantwortliche Menschen. Er sagt eigentlich: „Du, der du ohne Sünde bist, wirf den ersten Stein!" Und plötzlich schauen wir, die wir auch dazugetreten sind, jeder und jede, auf uns, auf unsere Fehler, unser eigenes Dunkel. Meine eigene Besserwisserei, mein eigener verborgener Fundamentalismus, der das Falsche, die Untat, die Gewalt am anderen festmacht, damit ich mich gut fühle, ist zutage getreten.

Die Steine werden leise, geradezu beschämt weggelegt. Die Besserwisserei kommt zu den Akten. Ja, vielleicht fällt sogar noch ein Blick auf die Frau: Sie ist nicht mehr das personifizierte Böse. Zum ersten Mal interessiert ihre Geschichte. Wie kam sie – vielleicht klug, vielleicht schön, vielleicht zerschlagen –, wie kam gerade sie dazu, die Ehe zu brechen? Sie ist eine Person wie ich.

In der Geschichte gehen alle weg, nur von Jesu Blick auf die Frau wird berichtet. Er hat ihr den Teufelskreis, der sie zur Täterin und zum Opfer machte, vom Hals geschafft, hat ihr Leben und Handeln neu geöffnet: „Sei frei, sei wieder Subjekt deines Handelns", sagt er, wenn er sagt: „Auch ich verurteile dich nicht. Geh und sündige von jetzt an nicht mehr!"

Es wäre spannend zu erfahren, wie Opfer und Täter nun weiterleben: Die gerechten Vollstrecker als ertappte Sünder; das Opfer, die Frau, die das Böse verkörpern sollte, als Freigesprochene, Handelnde. Eins ist klar: Sie werden es alle nicht leicht haben, aber sie haben Gottes Zusage als fehlbare Menschen erfahren. Sie müssen nicht erst perfekt sein, um von ihm geliebt und für seinen Auftrag gebraucht zu werden. Er will sie so: fehlbar, berührbar – fähig zu einer Begegnung, die im Feind den Menschen sieht.

Die Dynamik entwaffnender Begegnung, wie Jesus von Nazareth sie uns lehrt, enthält hier folgende einfache Momente:
- ernstnehmen und aushalten, was mir auf dem Weg begegnet,
- Distanz suchen, nachdenken,
- ehrlich in mich hineinhören, wo ich in etwas hineingezogen werden soll,
- vielleicht auch ins innere Gespräch mit diesem Jesus gehen,
- verblüffen,
- den Einzelnen ansprechen, das Kollektiv durchbrechen,
- den Täter dort zu erreichen suchen, wo er dem Opfer ähnlich ist, und wenn sich der Teufelskreis geöffnet hat:
- dem Opfer seinen Opferstatus nehmen, ihm Verantwortung für sein Leben und Handeln zurückgeben.

Das hört sich sehr abstrakt an, sehr nach Lehrbuch. Aber das alles passiert in dieser Geschichte und ist zugleich ein Leitfaden gewaltfreien Handelns. Es kann gelernt werden – sogar für die Politik, und es scheint mir der einzige Ausweg aus der Gewalt.

In Israel und Palästina gibt es eine Gruppe von Soldaten der israelischen Armee und palästinensischen Kämpfern, die sich treffen, um einander zu erzählen, was sie in ihren Kämpfen gesehen und getan haben. Die einzige Bedingung, die diejenigen erfüllen müssen, die zu den Treffen dieser „Combatants for Peace" kommen wollen, ist, dass sie offen und ehrlich erzählen, was sie bei der Armee bzw. bei ihren Kämpfen gesehen und getan haben. Der Vater eines dieser Soldaten sagt: „Das sind unsere wahren Helden. Wir, Israelis und Palästinenser, müssen endlich anfangen, in den Spiegel zu schauen und uns selbst anzuschauen: unbeschönigt, mit all unserer Schuld und unseren Stärken. Wenn wir das tun, können wir nicht länger sagen: Es gibt keine Partner auf der anderen Seite, denn auch wir tragen die Züge unserer Feinde."

Es gab und gibt Gläubige, Menschen in allen Weltreligionen und Weltanschauungen, Imame, Sufis, Rabbiner und Rabbinerinnen, Priester und Priesterinnen, die für diese Wahrheit einstehen gegen Fundamentalismen aller Prägungen. Jesus von Nazareth ist unser Gesandter, der uns den Weg zum Nächsten offen hält, wenn die Gewaltspiralen dieser Welt an Geschwindigkeit zulegen. Möge er seine Kirchen und alle Gläubigen beflügeln, zu Sand zu werden im Getriebe der Gewaltspiralen, zu Zeugen für die Liebe in Zeiten der Hinwendung zu alten verfestigten Bildern und vermeintlichen Richtigkeiten.

Johannes Taig

Der Weg zum Kreuz

(Lukas 18,31)

Jesus versammelte die Zwölf um sich und sagte zu ihnen: Wir gehen jetzt nach Jerusalem hinauf; dort wird sich alles erfüllen, was bei den Propheten über den Menschensohn steht.
(Lukas 18,31)

Wo sonst als in der Heiligen Stadt könnte sich die Geschichte Gottes mit seinem Volk entscheiden? Passah wird dort bald gefeiert, das Fest der Befreiung, der Erlösung aus der Knechtschaft Ägyptens. So geht Christus Richtung Jerusalem, umgeben von einer hoffnungstrunkenen Jüngerschar.

Noch nie war die Hoffnung der Jünger so groß, ihre Zuversicht so fest, ihr Glaube so stark, ihre Freude so unbeirrbar. Dagegen kann selbst Jesus nichts machen.

Jesus heilt auf dem Weg nach Jerusalem, auf dem Weg zum Kreuz, einen Blinden. Lukas zeigt uns den ins Leiden hinabsteigenden Gottessohn als den, der scharfe Augen hat für alles Leid am Straßenrand.

Der Straßenrand ist die tägliche Kulisse unserer Welt. An das, was dort gelitten und gestorben wird, haben wir uns gewöhnt. Man übersieht es geflissentlich und ist schon unterwegs zum nächsten Termin. Es geht unter im Lärmpegel einer geschäftigen Welt.

Die Leichen einer einzigen Tagesschau – wer kann ihren tragischen Verlust ermessen auf dem Weg zur nachfolgenden Abendveranstaltung? Jeden Tag das gleiche. Man gewöhnt sich.

Christus gewöhnt sich nicht. Auf dem Weg zum Kreuz zeigt sich Christus als hellhöriger und scharfsinniger Wahrnehmer jeden Leids.

Herr, öffne du uns die Augen
für das Leid in der Welt,
für das Leid vor unseren Augen,
für das Leid meines Nächsten vor meiner Tür
und gib uns die Kraft zum Handeln.

Herbert Böttcher

Der Streit um den Tempel
oder:
Kein Friede mit einer „Räuberhöhle"

(Markus 11,15-19)

15 Dann kamen sie nach Jerusalem. Jesus ging in den Tempel und begann, die Händler und Käufer aus dem Tempel hinauszutreiben; er stieß die Tische der Geldwechsler und die Stände der Taubenhändler um 16 und ließ nicht zu, dass jemand irgendetwas durch den Tempelbezirk trug. 17 Er belehrte sie und sagte: Heißt es nicht in der Schrift: Mein Haus soll ein Haus des Gebetes für alle Völker sein? Ihr aber habt daraus eine Räuberhöhle gemacht. 18 Die Hohenpriester und die Schriftgelehrten hörten davon und suchten nach einer Möglichkeit, ihn umzubringen. Denn sie fürchteten ihn, weil alle Leute von seiner Lehre sehr beeindruckt waren. 19 Als es Abend wurde, verließ Jesus mit seinen Jüngern die Stadt.
(Markus 11,15-19)

„Gerechtigkeit und Friede küssen sich." (Ps 85,11), „Dann wohnt der Wolf beim Lamm ... Der Säugling spielt vor dem Schlupfloch der Natter ..." (Jes 11,6.9): Solche Bilder werden in christlichen Kreisen oft gegen unerträgliche Zustände von Unrecht und Gewalt angerufen. Aus den Bildern des Jesaja, die in die kritische Auseinandersetzung mit dem Königtum in Israel eingebettet sind, wird dann eine abstrakte visionäre Idylle gemacht und unvermittelt gegen eine unerträgliche, von Unrecht und Gewalt geprägte gesellschaftliche Wirklichkeit gestellt. Vielleicht wirkt so manche christliche Rede vom Frieden deshalb so kraft- und zahnlos, weil sie sich ohne Rechenschaft über die Strukturen, die Leben zerstören, in ‚schöngeistigen' Reden und moralisierenden Appellen erschöpft.

Als Korrektiv zu idealisierenden Vorstellungen vom Frieden lässt sich die Geschichte von der sog. Tempelreinigung lesen, die wir in allen Evangelien finden (vgl. Mk 11,15-19; Mt 21,12-17; Lk 19,45-46; Joh 2,13-22). Bei Johannes macht sie gleich zu Beginn seines Evangeliums deutlich, dass der Weg des Messias in eine tödliche Konfrontation führt.

Der Messias als König des Friedens

In den synoptischen Evangelien (Markus, Matthäus, Lukas) folgt die Tempelreinigung auf den Einzug Jesu in Jerusalem. Er wird als Einzug eines Friedenskönigs erzählt. Nicht ‚hoch zu Ross' und ausgestattet mit den Insignien der Macht, sondern auf einem Esel kommt Jesus nach Jerusalem. Matthäus bringt dies ausdrücklich mit dem Propheten Sacharja in Verbindung, wenn er formuliert: „Er ist friedfertig, und er reitet auf einer Eselin ..." (Mt 21,5). Auf das Scheitern des Königtums und seiner imperialen Machtträume hin hatte Sacharja einen neuen König angekündigt (vgl. Sach 9,9f.). Nachdem Gott Streitwagen, Rosse und Kriegsbogen vernichtet hat, kann ein neuer Anfang gemacht werden. Dafür steht der erwartete neue König. Er kommt ohne imperiale Ambitionen auf ein neues Großreich für Israel mit der Unterwerfung anderer Völker. Im Gegenteil: „Er verkündet für die Völker den Frieden." (Sach 9,10) Von ihm sagt Sacharja: „Er ist demütig und reitet auf einem Esel." (Sach 9,9) Demut hat im biblischen Sinne nichts mit Unterwürfigkeit zu tun. Sie beinhaltet die Bereitschaft, sich in den Dienst Gottes und damit der Befreiung der Armen und Versklavten zu stellen. Wer demütig gegenüber Gott und den Erniedrigten ist, wird aufsässig gegenüber Strukturen und Mächten, die Leben zerstören und Menschen erniedrigen und beleidigen.

Aufstand für den Frieden

Nicht machtvoll und hoch zu Ross, sondern friedfertig und auf einem Esel (Mt 21,5) zieht Jesus in Jerusalem ein. Doch berichten die synoptischen Evangelien, dass der Friedenskönig Jesus gleich nach seinem Einzug in Jerusalem ‚handgreiflich' wird (vgl. Mk 11,15-19): Er treibt die Händler und Käufer aus dem Tempel, stößt die Tische der Geldwechsler und Taubenhändler um und legt den Tempelbetrieb lahm. Das mag auf den ersten Blick irritieren, doch genau darin zeigt er seine Demut gegenüber Gott und den Armen. Sein ‚Gehorsam' gegenüber Israels Gott, der die Schreie der Versklavten hört, ihr Leid kennt und Wege der Befreiung weist (vgl. 2. Mose 2,23 ff.), führt ihn in Konflikte mit Strukturen von Ausbeutung und Unterdrückung.

Gegen eine „Räuberhöhle" und für ein „Haus des Gebetes für alle Völker"

Jesu Aufstand im Tempel ist gleichsam der Höhepunkt der Konflikte, die sein gesamtes Leben durchziehen. Die synoptischen Evangelien bringen diese Konflikte mit der Polarisierung zwischen dem Tempel als ein ‚Haus des Gebetes für alle Völker' und dem Tempel als einer ‚Räuberhöhle' zum Ausdruck. Mit dem Hinweis auf diesen Gegensatz rechtfertigt Jesus sein Verhalten im Tempel: „Heißt es nicht in der Schrift: ‚Mein Haus soll ein Haus des Gebetes für alle Völker sein'? (vgl. Jes 56,7) Ihr aber habt daraus eine ‚Räuberhöhle' gemacht." (vgl. Jer 7,10)

Mit der ‚Räuberhöhle' bezieht sich Jesus auf die Tempelrede des Jeremia (vgl. Jer 7). Darin kritisiert Jeremia die Inanspruchnahme Gottes zur Überhöhung gesellschaftlicher Verhältnisse. Die Tempelideologie seiner Zeit folgt der Ansicht, im Tempel, also in der Nähe Gottes, sicher und geborgen zu sein. Dadurch erhalten die herrschenden Verhältnisse eine religiöse Legitimation. Genau diese bestreitet Jeremia: „Ihr ... sagt: Wir sind geborgen!, um dann weiter alle jene Gräuel zu treiben." (Jer 7,10) „Jene Gräuel" hatte er einige Sätze vorher benannt: die Unterdrückung der Fremden, der Waisen und Witwen, das Vergießen unschuldigen Blutes, die Hinwendung zu anderen Göttern (vgl. Jer 7,6).

Das Wort „Der Tempel des Herrn ist hier" wird dann zu einem „trügerischen Wort" (Jer 7,4). Der Tempel kann kein Symbol der befreienden Nähe Gottes mehr sein, weil er zur „Räuberhöhle" pervertiert ist.

Die „Räuberhöhle" zur Zeit Jesu

Jesu Aktion im Tempel richtet sich nicht gegen den Tempel als Symbol der befreienden Nähe Gottes, sondern gegen dessen Pervertierung. Sie darf also auch nicht antijudaistisch interpretiert werden. Jesus agitiert gegen den Tempel ganz in der Tradition von Israels Propheten und verwurzelt in Israels Glauben an Gott, der als Befreiung ‚geschehen' will. Er lebt den Glauben Israels in seiner Zeit und wendet die prophetische Kritik gegen den Tempel und die im Tempelbetrieb religiös überhöhten Verhältnisse seiner Zeit.

Zur Zeit Jesu beruhte die wirtschaftliche Macht des Tempels vor allem auf dem Eintreiben von Steuern und dem Verkauf von Opfergaben. Die Entrichtung von Opfergaben führte zu einer regen Handelstätigkeit rund um den Tempel und sicherte dem Tempel eine weitere Einnahmemöglichkeit. Für die Opfer mussten die Gläubigen Früchte und Tiere von den hauptamtlichen Tempelhändlern kaufen, um es dem Tempel als Gabe zu schenken. Aus Tempelabgaben und Opferhandel bildete sich im Lauf der Zeit ein reicher Tempelschatz. Da der Tempel wegen seiner Heiligkeit vor widerrechtlichen Zugriffen geschützt schien, benutzten ihn reiche Bürger als Depot für ihre Wertsachen. Auch Schuldscheine wurden im Tempel aufbewahrt. Opfer dieses Systems waren die Armen, die durch das Abgabensystem weit über die Grenzen ihrer Möglichkeiten belastet wurden und ihre Lebensgrundlage verloren. Deshalb warnt Jesus vor den Schriftgelehrten, den Hoftheologen des

Tempels: Sie „verrichten in ihrer Scheinheiligkeit lange Gebete" und bringen gleichzeitig „die Witwen um ihre Häuser". (Mk 12,40) Der Tempel wurde von den Hohenpriestern kontrolliert. Im Rahmen der von Rom gelassenen Möglichkeiten waren sie zusammen mit den ‚Ältesten' die wichtigste politische Autorität. Ihre politische Rolle war mit ökonomischen Interessen verbunden. Neben der Kontrolle über die Finanzen des Tempels verfügten sie über beträchtlichen Großgrundbesitz. Aufgrund ihrer ökonomischen und politischen Interessen unterstützten sie die römische Besatzungsmacht. Rom sicherte ihnen Absatzmärkte und politischen Einfluss. Gemeinsam mit Rom bekämpften sie Gruppen, die sich gegen die römische Herrschaft auflehnten.

Die religiöse Dimension der Pervertierung des Tempels wird bei der Praxis des Geldwechselns offensichtlich. Die Geldwechsler waren nötig, weil für den Kauf von Opfergaben nur der tyrische Halbsilberschekel verwendet werden durfte. Somit mussten andere und weniger wertvolle Münzen in den so genannten Tempelschekel umgetauscht werden. Dies verstieß jedoch gegen das Bilder- und Fremdgötterverbot der Tora; denn auf der Vorderseite der Münze war Melkart, der Stadtgott von Tyrus abgebildet. Insofern symbolisierte die Praxis des Geldwechselns, dass nicht einmal mehr der Tempel dafür steht, dass Israel allein seinem Gott der Befreiung vertraut und neben ihm keine Götzen duldet, in denen sich die Unterwerfung unter Fetischverhältnisse widerspiegelt. Sogar der Tempel ist zum Ausdruck der gesellschaftlichen Unterwerfungs- und Fetischverhältnisse geworden.

Jesu handgreiflicher Protest zielt auf das „Ganze"

Der Tempel ist Ausdruck der gesellschaftlichen Verhältnisse. Er steht positiv für eine Gesellschaft, in der Befreiung Wirklichkeit werden soll, und negativ für eine Gesellschaft, in der die Befreiung pervertiert wird. Er symbolisiert entweder gesellschaftliche Verhältnisse, über die der Gottesname ausgerufen ist und Gott selbst inmitten seines befreiten Volkes „wohnt" (Jer 7,10), oder Verhältnisse, die den Gottesnamen pervertieren, weil sie als „Räuberhöhle" zu charakterisieren sind.

Verhältnisse, deren Opfer vor allem die Armen sind, stehen im Widerspruch zu der Art und Weise, in der Israels Gott als Befreier ‚geschehen' will. Wenn das, was der Gottesname beinhaltet, zum Zentrum der Gesellschaft wird, dann stehen die menschlichen Lebensbedürfnisse im Mittelpunkt. Die Gesellschaft soll so angelegt sein, dass es keine Armen gibt (vgl. 5. Mose 15,4). Fremdherrschaft sowie innergesellschaftliche Über- und Unterordnungsverhältnisse widersprechen der Herrschaft Gottes. In einer solchen Gesellschaft repräsentiert der Tempel nicht mehr den Namen Gottes. Er wird zum Symbol für die Unterwerfung unter Unrecht und Gewalt. So bringt er auch keine Früchte der Befreiung; er ist der Feigenbaum, der keine Früchte bringt und den Jesus auf seinem Weg in den Tempel verflucht (vgl. Mk 11,12-14.20f.). Entsprechend legt Jesus den Tempelbetrieb lahm. Er „ließ nicht zu, dass jemand irgendetwas durch den Tempelbezirk trug". (Mk 11,16) Dann aber können keine Opfer- und Kultgegenstände mehr in den Tempel gebracht werden. Der Tempel kann – wenigstens für einen Augenblick – seinen Betrieb nicht mehr aufrecht halten.

Jesu handgreifliches Handeln im Tempel lässt sich nicht auf einen Protest gegen die Auswüchse des Tempelbetriebs reduzieren. Es zielt auf das ‚Ganze', auf gesellschaftliche Verhältnisse, in denen nicht das lebendig ist, wofür Israels Gott steht, deren Strukturen vielmehr fetischisiert sind, d. h. im Dienst von Götzen des Reichtums und der Macht stehen. Unterworfen unter Fetischverhältnisse können Menschen nicht mehr „aufrecht gehen" (3. Mose 26,13) – wie es der Befreiung aus dem Joch der Knechtschaft entspricht (vgl. 3. Mose 26,11-13). Und so geht es in Jesu Konflikt mit der Gesellschaft seiner Zeit um ‚das Ganze', um den Konflikt zwischen Gott und Götzen.

Christian Dittmar

Karfreitag
oder:
„Wird schon was dran sein ..."

(Matthäus 27,33-50)

³³ So kamen sie an den Ort, der Golgota genannt wird, das heißt Schädelhöhe. ³⁴ Und sie gaben ihm Wein zu trinken, der mit Galle vermischt war; als er aber davon gekostet hatte, wollte er ihn nicht trinken. ³⁵ Nachdem sie ihn gekreuzigt hatten, warfen sie das Los und verteilten seine Kleider unter sich. ³⁶ Dann setzten sie sich nieder und bewachten ihn. ³⁷ Über seinem Kopf hatten sie eine Aufschrift angebracht, die seine Schuld angab: Das ist Jesus, der König der Juden. ³⁸ Zusammen mit ihm wurden zwei Räuber gekreuzigt, der eine rechts von ihm, der andere links. ³⁹ Die Leute, die vorbeikamen, verhöhnten ihn, schüttelten den Kopf ⁴⁰ und riefen: Du willst den Tempel niederreißen und in drei Tagen wieder aufbauen? Wenn du Gottes Sohn bist, hilf dir selbst, und steig herab vom Kreuz! ⁴¹ Auch die Hohenpriester, die Schriftgelehrten und die Ältesten verhöhnten ihn und sagten: ⁴² Anderen hat er geholfen, sich selbst kann er nicht helfen. Er ist doch der König von Israel! Er soll vom Kreuz herabsteigen, dann werden wir an ihn glauben. ⁴³ Er hat auf Gott vertraut: der soll ihn jetzt retten, wenn er an ihm Gefallen hat; er hat doch gesagt: Ich bin Gottes Sohn. ⁴⁴ Ebenso beschimpften ihn die beiden Räuber, die man zusammen mit ihm gekreuzigt hatte. ⁴⁵ Von der sechsten bis zur neunten Stunde herrschte eine

Finsternis im ganzen Land. ⁴⁶ Um die neunte Stunde rief Jesus laut: Eli, Eli, lema sabachtani?, das heißt: Mein Gott, mein Gott, warum hast du mich verlassen? ⁴⁷ Einige von denen, die dabeistanden und es hörten, sagten: Er ruft nach Elija. ⁴⁸ Sogleich lief einer von ihnen hin, tauchte einen Schwamm in Essig, steckte ihn auf einen Stock und gab Jesus zu trinken. ⁴⁹ Die anderen aber sagten: Lass doch, wir wollen sehen, ob Elija kommt und ihm hilft. ⁵⁰ Jesus aber schrie noch einmal laut auf. Dann hauchte er den Geist aus.
(Matthäus 27,33-50)

Am vergangenen Sonntag (Palmsonntag 2013) haben wir mit dem Männerchor in der KZ Gedenkstätte in Dachau gesungen. Anlass war das Gedenken an den Beginn der Verschleppung und Ermordung von Menschen im KZ Dachau vor 80 Jahren. Bischof Bedford-Strohm hat in seiner Predigt gefragt, wie es möglich sein konnte, dass der Aufschrei, dass die Empörung in unserer Kirche damals ausblieb. Wie war es möglich, dass öffentliche kirchliche Verlautbarungen von „praktizierter Liebe" und „Umerziehung" in den Konzentrationslagern sprachen?

Wie war das möglich?

Wir wissen heute, dass die Kirchen durch ihre Seelsorger in Heimen und Gefängnissen als erste wussten, wie die Nazis alle Opposition und alles Anders-Sein zu ermorden begannen. In der bayerischen evangelischen Kirche regte sich kaum Widerstand. Es gab keinen Aufschrei der Christinnen und Christen.

Wie war das möglich?

Wenn die Formulierungen von „praktizierter Liebe" und „Umerziehung" nicht wirklich naive Verharmlosung waren, dann waren sie bösester Zynismus. Dann waren sie die Verkörperung der Spötter unter dem Kreuz.

Wir hören etwas davon, wie das möglich war:

³⁹ Die Leute, die vorbeikamen, verhöhnten ihn, schüttelten den Kopf ⁴⁰ und riefen: Du willst den Tempel niederreißen und in drei Tagen wieder aufbauen? Wenn du Gottes Sohn bist, hilf dir selbst, und steig herab vom Kreuz! ⁴¹ Auch die Hohenpriester, die Schriftgelehrten und die Ältesten verhöhnten ihn und sagten: ⁴² Anderen hat er geholfen, sich selbst kann er nicht helfen. Er ist doch der König von Israel! Er soll vom Kreuz herabsteigen, dann werden wir an ihn glauben. ⁴³ Er hat auf Gott vertraut: der soll ihn jetzt retten, wenn er an ihm Gefallen hat; er hat doch gesagt: Ich bin Gottes Sohn.

Die Theologie treibt seit langem die Frage um: Wie konnte Gott das zulassen? Und ich merke, wie ich mit dieser Frage einer viel dringenderen Frage ausweiche: Wie konnte das geschehen? Die Kreuzigung Jesu, die Ermordung von Millionen in unserem Land: Wie konnten *Menschen* das zulassen? Wie war so etwas möglich?

Wenn ich frage: „Wie konnte Gott das zulassen?", kommt es vor, dass ich einstimme: *Wenn du Gottes Sohn bist, dann steig herab vom Kreuz! Er hat Gott vertraut; der soll ihn jetzt retten, wenn er Gefallen an ihm hat!*

Gott, was bist du für ein Gott? Wenn du der Eine, der Allmächtige bist – warum hast du nicht geholfen?

Mir wird ganz elend. Wie konnte das geschehen? Jetzt steh ich da unter den Spöttern und höhne mit ihnen. „Na, wie ist es? Hilf doch! Hilf dir doch selbst!" Und: „Gott, warum hast du es denn zugelassen? Du Allmächtiger!"

An diesem Tag heute, an Karfreitag, rückt es ganz nahe. Wir stehen ganz schnell auch mit unter den Spöttern. Unter denen, die ganz schnell ihr Urteil schon gefällt haben: „Ist doch klar, dass der nicht Gottes Sohn ist. Kann man ja deutlich sehen. Er ist verurteilt als Verbrecher. Na, wenn einer da hängt, da wird schon irgendwas dran gewesen sein … so ganz unschuldig wird er schon nicht gewesen sein."

Der Spott ist das Offensichtliche. Der Hohn, der darin steckt, der ist viel diffiziler. Schleicht durch unseren Alltag. Bringt ganz alltägliche Beobachtungen zum Kippen. Und steckt sogar in Fragen, die ganz unschuldig daherkommen: „Also, man wird ja wohl fragen dürfen!?"

Gott, musstest du das so geschehen lassen? Ich meine: zwangsläufig? Das kann doch keiner verstehen. Du öffnest doch der Kritik an dir selbst Tür und Tor. Also, versteh mich bitte nicht falsch, ich wollte ja nur mal fragen ...

Hören Sie es auch durch? Wie viel Meinung da schon in der Frage steckt? Wie der Hohn durch das Fragezeichen kriecht mit seinem „Na, war wohl nix." Aber er klingt eben nur durch, der Hohn. Irgendwas wird schon dran sein, dass dem das passiert ist. Sohn Gottes – naja ...
Irgendwas wird schon dran sein, dass dem das passiert ist. Kommunist, Homosexueller, Zeuge Jehovas, Zigeuner, Pfarrer, Jude – naja ...

Genau *so* konnte es passieren, dass unsere Kirche sagte: Konzentrationslager sind „praktizierte Nächstenliebe". Ist ja irgendwie schon heikel, diese Aufzählung, oder?
Irgendwas wird schon dran sein, dass er jetzt abgeholt wird, wieder dorthin muss, wo er herkam. Syrer, Albaner, Libanese, drei Kinder dabei, Frau trägt Kopftuch, spricht kein Deutsch – naja ...

„Wird schon was dran sein." Der Satz kommt ganz unschuldig daher. Vielleicht sogar als Frage: Meinst du, da ist was dran? Und schon wirkt der Satz. Damit halten wir uns alles Leid der Welt vom Leib. Dabei antwortet Gott sogar auf die Frage: Musste das sein? Dein Sohn am Kreuz? Es muss sein, sagt Jesus. Es muss genau so kommen.

Gott hält sich das Leid nicht vom Leib. Er erleidet es selbst. Es trifft Gott selbst. Und das stellt die Welt auf den Kopf. Es ist für mich immer wieder aufs Neue unfassbar. Mein Bild von Gott ist ganz schnell nach Ostern wieder ein anderes. Heute aber wird es zurechtgerückt: Der Gott dieser Welt, das ist der, der sich das Leid nicht vom Leib hält.

Das muss so sein. Damit Gott ein Gott sein kann für die, von denen gesagt wird, dass „an denen irgendwas dran ist". Die abgeholt werden und abgeschoben, die zu Tode kommen und die keine Heilung finden. Ein Gott für alle, die das Leid an sich heranlassen.

Claudia Kuchenbauer

Streit in der Gemeinde
oder:
Mediation in der Bibel

(Apostelgeschichte 6,1-6)

Konflikte sind die Begleitumstände einer lebendigen, sich entwickelnden Gemeinschaft. Kein Wunder also, dass die Bibel voll ist von Schilderungen von Konflikten und dem Umgang damit. Das gilt für das Alte Testament, in dem die Geschichte der Menschheit und Israels mit den großen Übergängen vom Nomadentum zur Sesshaftigkeit, vom wandernden Stammesbund zum Staat erzählt wird. Und es gilt in besonderer Weise für das Neue Testament, in dem die Lebens- und Wirkungsgeschichte Jesu Christi beschrieben wird und die Gründung einer neuen Gemeinschaft, die sich in vielen Abgrenzungen und Positionen erst finden musste.

Ein Beispiel dafür möchte ich hier nennen. Es handelt sich um einen Konflikt in der jungen christlichen Gemeinde in Jerusalem, über den wir in der Apostelgeschichte lesen. Dort wird erzählt, wie sich nach dem Pfingstwunder, als auf einmal alle einander verstanden, und nach Petrus' begeisternder Predigt, viele neue Mitglieder der kleinen Ur-Gemeinde in Jerusalem anschlossen. Vor allem Menschen aus dem Ausland mit griechischer Muttersprache zählten zu den neuen Mitgliedern der christlichen Gemeinde.
    Die Leiter der Gemeinde, Petrus, Johannes und Jakobus, und die ersten Anhänger der neuen christlichen Lehre kamen aus einem

völlig anderen kulturellen Hintergrund. Sie hatten aramäisch als Muttersprache und waren in der jüdischen Gemeinde groß geworden. Die Diasporajuden, die sich nun taufen ließen und der christlichen Gemeinde anschlossen, kannten ebenfalls das Judentum, waren aber auch mit anderen Kulten vertraut. Sie sprachen griechisch und waren in Jerusalem als Migranten.

Wir haben hier erstmals einen großen interkulturellen Konflikt als Hintergrund der Ereignisse. Die christliche Gemeinde zeichnete sich durch eine große Offenheit aus. Alle kulturellen, sozialen und selbst geschlechtlichen Unterschiede wurden durch das Bekenntnis zu dem einen Herren Jesus Christus sekundär. Das zog natürlich vor allem Randgruppen an. Das Angebot der umfassenden Gemeinschaft an Menschen, die in ihrem bisherigen Lebenszusammenhang eher ghettoisiert, an den Rand der Gesellschaft gedrängt und unversorgt waren, wie Sklaven, Tagelöhner oder Witwen, war anziehend und großartig zugleich.

Zu diesem Angebot der spirituellen Gemeinschaft im Glauben wurde in Jerusalem auch eine materielle Parallele gezogen: der so genannte Liebeskommunismus. Wer etwas besaß, teilte mit denen, die bedürftig waren. So war die christliche Gemeinde besonders attraktiv für Menschen, die sonst auf Almosen angewiesen waren. Sie wurden als Teil der Gemeinde von der Gemeinde mit dem Nötigsten versorgt. Das betraf auch die Witwen, die nach dem Tod ihrer Ehemänner unversorgt der Obhut der fremden Familie anheimgestellt waren. In der Umwelt des antiken Rom waren sie rechtlos und sozial wenig geachtet, als Mitglieder der christlichen Gemeinden hingegen von der Gemeinde versorgt und gewürdigt. Um solche Witwen dreht sich nun eine Beschwerde, die uns in Apostelgeschichte 6,1 mitgeteilt wird.

Die Gemeinde wuchs und die Zahl der Jünger und Jüngerinnen wurde immer größer. Da kam es – um eben diese Zeit – zu einem Streit zwischen den griechisch sprechenden Judenchristen und denen mit

hebräischer Muttersprache. Die griechische Gruppe beschwerte sich darüber, dass ihre Witwen bei der täglichen Verteilung von Lebensmitteln benachteiligt würden.
(Gute Nachricht Bibel)

Offenbar gingen bei der täglichen Essensversorgung der Bedürftigen der Gemeinde nur die *griechisch* sprechenden Witwen leer aus. Man kann sich vorstellen, welche Verwerfungen in der Gruppe der griechischsprachigen Christen daraus folgten. Der Diskriminierungsverdacht, die Vorstellung, es gebe in der christlichen Gemeinde doch eine Zwei-Klassen-Gesellschaft, lag nahe und heizte den Konflikt um die hungernden Witwen sicherlich enorm an. Man kann die Brisanz der Situation nur erahnen, wenn man sich heutige Situationen vorstellt, in denen der Vorwurf der Diskriminierung von sozialen und ethnischen Randgruppen an die Starken und Verantwortlichen einer Gemeinschaft, die für Integration steht, gerichtet wird. Dann brechen statt der jeweils angemessenen Einsicht leicht Rechtfertigungslitaneien los und Gegenangriffe werden geäußert, allesamt geeignet, schwierige Situationen eskalieren zu lassen.

In dem beschriebenen Konflikt in Jerusalem stand deshalb mehr auf dem Spiel als nur eine Marginalie im Alltag; es ging um nichts weniger als den Fortbestand der jungen, für alle offenen Gemeinde.

Drei Gruppen waren an dem Konflikt beteiligt: Im Zentrum standen die griechischsprachigen Witwen, die Hunger litten und die Schmach der erneuten sozialen Stigmatisierung befürchten mussten. Ihre Landsleute beschwerten sich über den Umstand, dass die Witwen ihrer Gruppe übersehen wurden und hungern mussten. Sicher waren diese Gemeindemitglieder von dem Konflikt neben dem Diskriminierungsverdacht noch in einer anderen Weise betroffen. Vermutlich trugen die griechisch sprechenden Gemeindemitglieder ebenfalls ihren Besitz und ihr Einkommen zur Gemeinschaftskasse bei, so dass sie sich die Frage stellten, warum die

Witwen ihrer Herkunft nicht gleichermaßen versorgt würden. Auf der emotionalen Ebene kommt das Ausbeutung und Betrug gleich. Eine sehr sensible Grundstimmung, die diesem Konflikt eine explosive Kraft gibt.

Und die Gemeindeleiter? Sie sind, das erfahren wir zu Beginn des ersten Verses, verantwortlich für eine Gemeinde, die in kurzer Zeit außerordentlich angewachsen ist. Der Überblick fällt nicht mehr leicht, die guten Strukturen tragen nicht immer so spielerisch wie anfangs, als die Gemeinde noch überschaubar und homogen war. Die Aufgabe der Versorgung der Bedürftigen nimmt ein zunehmend großes Maß an Zeit in Anspruch, während sich die „Säulen der Gemeinde" doch eher für die geistlichen Aufgaben berufen sehen. Die lästigen Pflichten des Alltags überfordern sie in Zeit und Bedeutung der Aufgabe.

In einer Mediation würden die Beteiligten gemeinsam eine Lösung suchen, die all diesen Faktoren Rechnung trägt und vor allem die emotionale Ebene und die Bedürfnisebene nicht ausklammert. Mit einer solchen Lösung ...

... müssten die Witwen zufrieden sein, weil sie zuverlässig versorgt werden und sich als Teil der Gemeinde gewürdigt sehen;

... müsste sich für die griechisch sprechenden Gemeindemitglieder der Diskriminierungsverdacht zerstreuen lassen und es müsste auch sichergestellt sein, dass ihr Anteil an der Gemeindekasse gerecht eingesetzt und nicht fahrlässig verbraucht wurde;

... müsste die Gemeindeleitung entlastet und in ihrer Bedeutung als Prediger und geistliche Leitung anerkannt werden.

In der Apostelgeschichte (Kap. 6,2-6) lesen wir weiter von der Lösung dieses Konfliktes:

² Da riefen die Zwölf die ganze Gemeinde zusammen und sagten: „Es geht nicht an, dass wir die Verkündigung der Botschaft Gottes vernachlässigen und uns um die Verteilung der Lebensmittel kümmern.

³ Darum, liebe Brüder, wählt aus eurer Mitte sieben Männer aus, die einen guten Ruf haben und vom Geist Gottes und von Weisheit erfüllt sind. Ihnen wollen wir diese Aufgabe übertragen. ⁴ Wir selbst werden uns auch weiterhin mit ganzer Kraft dem Gebet und der Verkündigung der Botschaft Gottes widmen." ⁵ Alle waren mit dem Vorschlag einverstanden. Sie wählten Stephanus, einen Mann voll lebendigen Glaubens und erfüllt vom Heiligen Geist; außerdem Philippus, Prochorus, Nikanor, Timon, Parmenas und Nikolaus, einen Nichtjuden aus der Stadt Antiochia, der zum Judentum übergetreten war. ⁶ Diese sieben brachten sie zu den Aposteln. Die beteten für sie und legten ihnen die Hände auf.

Die hier verkündete Lösung trägt alle Züge eines Resultats, das durch eine Mediation erreicht werden kann: Zunächst eine pragmatische Verteilung der Aufgaben, die gewährleistet, dass die Versorgung in Zukunft klappt und die Leiter der Gemeinde sich der Verkündigung widmen können. Daneben fällt auf, dass die Namen der zu dem neuen Amt ordinierten Personen auf den griechischsprachigen Raum hinweisen. Dadurch werden die griechisch sprechenden Gemeindemitglieder direkt an der Leitung der Gemeinde beteiligt, zwar nicht an der Verkündigung, aber doch in einem eigenen Amt, für das mit Handausflegung der Geist Gottes erbeten wurde. Damit hat die junge christliche Gemeinde einen der ersten Inklusionskonflikte mit einer strukturellen Neuausrichtung gelöst – durch pragmatische Aufgabenverteilung und faire Beteiligung der verschiedenen Gruppen.

Dieses kleine Beispiel zeigt, dass im Neuen Testament, wenn zwar nicht eindeutig die Praxis der Mediation, dann doch die Logik und der Geist der Mediation diese Lösung prägt. Die Nachhaltigkeit einer solchen konstruktiven Konfliktbearbeitung sicherte das Weiterbestehen der Gemeinschaft – und mehr noch: „Die Zahl der Glaubenden in Jerusalem stieg von Tag zu Tag" (Vers 7).

Elisabeth Peterhoff

Die Macht der Zunge
oder:
SprachGewalt – GewaltSprache

(Jakobus 3,1-12 und 4,11-12)

¹ Nicht so viele von euch sollen Lehrer werden, meine Brüder. Ihr wisst, dass wir im Gericht strenger beurteilt werden. ² Denn wir alle verfehlen uns in vielen Dingen. Wer sich in seinen Worten nicht verfehlt, ist ein vollkommener Mann und kann auch seinen Körper völlig im Zaum halten. ³ Wenn wir den Pferden den Zaum anlegen, damit sie uns gehorchen, lenken wir damit das ganze Tier. ⁴ Oder denkt an die Schiffe: Sie sind groß und werden von starken Winden getrieben und doch lenkt sie der Steuermann mit einem ganz kleinen Steuer, wohin er will. ⁵ So ist auch die Zunge nur ein kleines Körperglied und rühmt sich doch großer Dinge. Und wie klein kann ein Feuer sein, das einen großen Wald in Brand steckt. ⁶ Auch die Zunge ist ein Feuer, eine Welt voll Ungerechtigkeit. Die Zunge ist der Teil, der den ganzen Menschen verdirbt und das Rad des Lebens in Brand setzt; sie selbst aber ist von der Hölle in Brand gesetzt. ⁷ Denn jede Art von Tieren, auf dem Land und in der Luft, was am Boden kriecht und was im Meer schwimmt, lässt sich zähmen und ist vom Menschen auch gezähmt worden; ⁸ doch die Zunge kann kein Mensch zähmen, dieses ruhelose Übel, voll von tödlichem Gift. ⁹ Mit ihr preisen wir den Herrn und Vater und mit ihr verfluchen wir die Menschen, die als Abbild Gottes erschaffen sind. ¹⁰ Aus ein und demselben Mund kommen Segen und

Fluch. Meine Brüder, so darf es nicht sein. [11] *Lässt etwa eine Quelle aus derselben Öffnung süßes und bitteres Wasser hervorsprudeln?* [12] *Kann denn, meine Brüder, ein Feigenbaum Oliven tragen oder ein Weinstock Feigen? So kann auch eine salzige Quelle kein Süßwasser hervorbringen.*
(Jakobus 3,1-12)

Was unsere Zunge nicht alles kann: Kauen, Saugen, Schlucken. Sie ist eines unserer wichtigsten Sinnesorgane. Sie sorgt dafür, dass wir Schmecken und mit ihr auch Tasten und Fühlen können. Sie ist unersetzlich für unsere Ernährung, unseren Genuss beim Essen und Trinken; unersetzlich für unsere Sprache. Ohne Zunge können wir uns nicht mit Worten verständigen. Sie ist der Muskel, der uns sprechen lässt. Locker muss sie sein für alle ihre Aufgaben. Und doch, wenn sie in unserem sprachlichen Umgang miteinander zu locker im Munde sitzt, dann wird sie nicht gelobt. Dann hören wir Bemerkungen wie „Halte deine Zunge im Zaum" oder „Der konnte wohl seine Zunge nicht beherrschen".

Dem Schreiber des Jakobusbriefes geht es um Vollkommenheit der Christen. Er spricht Streitereien an und empfiehlt Handlungsalternativen. Dabei ist der Zunge das halbe Kapitel 3 gewidmet. Sie ist das Organ, das für unsere Verständigung sorgt und genauso für unsere Meinungsverschiedenheiten und Streitereien bis hin zum Krieg. Mit ihr können wir loben und segnen, aber auch verfluchen. Beides gleichzeitig, loben und fluchen, geht für den Verfasser des Jakobusbriefes nicht.

Wir kennen das: Fluchen und Segnen, die Zunge nicht im Zaum halten können, vor Galle überschäumen; mit unserer Sprache Gewalt antun. Den anderen niederbrüllen, niederreden, überreden, unterbrechen, beschimpfen, verleumden, beurteilen, verurteilen. Wir können mit unseren Worten vernichten. Wir können mit ihnen aber ebenso trösten, ermutigen, verstehen, aufbauen, heilen.

Wir haben immer mindestens zwei Optionen, oder wie ein Sprichwort sagt: „Es gibt immer sieben Möglichkeiten, drei weniger gute und vier gute."

Sprachgewalt und Gewaltsprache – das liegt nah beieinander. Brachiale Gewalt erleben wir in diesen Zeiten reichlich: Der endlose Konflikt zwischen Israelis und Palästinensern, kriegerische Zustände in der Ukraine, der Krieg in Syrien, die Barbarei im Nordirak. All das Leid der betroffenen Menschen, es ist kaum auszuhalten. Aber Gewalt beginnt nicht erst, wenn Raketen fliegen oder Maschinengewehre, Panzer und Haubitzen die Auseinandersetzung bestimmen und darüber entscheiden sollen, wer nun Recht hat. Gewalt beginnt mit dem, was wir sagen und wie wir das tun, mit welcher Mimik, Gestik und welchen Emotionen wir etwas unterlegen.

Unsere Zunge bringt die schönen und die zerstörenden Gedanken in die Welt. Worte können heilen: Ich verstehe dich, das freut mich, schön dich zu sehen ...
Und Worte können zerstören: Ich rede nicht mehr mit dir, du hast mir gar nichts zu sagen, dir glaube ich nicht, du lügst eh immer ...

Jakobus schreibt in Kapitel 4,11f. die interessanten Worte an die Gemeinden:

[11] Verleumdet einander nicht, Brüder! Wer seinen Bruder verleumdet oder seinen Bruder verurteilt, verleumdet das Gesetz und verurteilt das Gesetz; wenn du aber das Gesetz verurteilst, handelst du nicht nach dem Gesetz, sondern bist sein Richter. [12] Nur einer ist der Gesetzgeber und Richter: er, der die Macht hat, zu retten und zu verderben. Wer aber bist du, dass du über deinen Nächsten richtest?

Das ist es, was die Gewalt der Worte ausmacht: das Richten und Urteilen über andere. Ein falsches oder falsch verstandenes Wort, und jemand fühlt sich verleumdet, verletzt, herabgewürdigt, unverstanden. Er verlässt den konstruktiven Weg und im schlimmsten Fall setzt eine Blockadehaltung in den Sach- und den Beziehungsfragen ein bis hin zum völligen Kontaktabbruch.

Der amerikanische Psychologe Marshall Rosenberg hat sich wie kein anderer mit gewaltfreier, konstruktiver Kommunikation auseinander gesetzt. Was schafft Verständigung? Was trennt, was lässt uns einander missverstehen? Rosenberg hat unsere Sprachgewalt mit zwei Tierbildern verglichen. Er nennt die Sprache des Verstehens die „Giraffensprache": die Giraffe ist groß, überblickt alles und hat unter den Tieren, die auf der Erde leben, das größte Herz; manchmal heißt darum ihre Sprache auch die Sprache des Herzens. Die andere Sprache nennt Rosenberg die „Wolfssprache", ich nenne sie lieber „Drachensprache", da der Wolf durchaus ein sehr soziales Tier ist. Die Drachensprache aber ist die Sprache, die sich nicht einfühlt in den anderen, auch nicht in sich selbst; die Sprache, die angreift, zubeißt, verletzt, erniedrigt.

Wenn wir uns das bewusst machen, dann können wir uns entscheiden, welche Gewalt wir in unsere Sprache einbauen wollen: Die Sprachgewalt der Verständigung – oder die Gewaltsprache des Verurteilens und Verletzens. Dient meine Sprache den Mitmenschen – oder zerstört sie Beziehungen, macht eine Einigung unmöglich? Lobe ich mit meiner Sprache Gott – oder verunglimpfe ich andere?

Jakobus beschreibt bildhaft und sehr erfahren, wie Sprache wirkt, die voller Gewalt ist. Sie zerstört Gemeinschaft, verwundet Menschen in ihrem Herzen und ihrer Seele, zerstört Beziehungen. Er sagt, sie kann tödliches Gift sein. Aber sie kann auch ein süßer Trank sein, der uns „wie Öl hinunterläuft".

Darum sollten wir achtsam mit unserer Sprache sein. Wenn wir in der Sprache unseren Mitmenschen respektvoll beggnen statt sie zu erniedrigen, wenn wir unsere Wahrnehmung wiedergeben statt zu bewerten, wenn wir unsere Bedürfnisse äußern statt anzuklagen, dann gelingt Kommunikation und ein wertschätzender Umgang. Es entsteht ein Miteinander; Lösungen, die für alle tragfähig sind, werden gefunden. Es entsteht Frieden.

Die Autorinnen und Autoren

Böttcher, Herbert: Koblenz, Pastoralreferent, Mitarbeit bei Pax Christi, im Ökumenischen Netz Rhein-Mosel-Saar, bei exit! Verein für kritische Gesellschaftstheorie. Veröffentlichungen u. a. in: Pax Christi (Hg.), Götze Kapital; Ökumenisches Netz (Hg.), Kapitalismus überwinden, aber wie?

Brahms, Renke: Bremen, evangelischer Pastor und Schriftführer in der Bremischen Evangelischen Kirche, seit 2008 erster Friedensbeauftragter des Rates der EKD, Vorsitzender der Evangelischen Konferenz für Friedensarbeit sowie des Beirats der Evangelischen Seelsorge in der Bundeswehr.

Cornelius-Bundschuh, Jochen: Karlsruhe, Landesbischof der Evangelischen Kirche in Baden, promovierter Theologe und apl. Professor für Praktische Theologie an der Universität Heidelberg.

Dittmar, Christian: Grafrath, Pfarrer, Lehrsupervisor und Psychomotoriker; Arbeitsschwerpunkt derzeit (gemeinsam mit U. Dittmar und S. Huber) „Evangelisch vor Ort ...": eine Diaspora-Flächengemeinde im Prozess. Beiträge v. a. zu „Spiritualität und Bewegung", zuletzt (mit U. Dittmar) „Spirituelle Wanderungen. Ein Pilger- und Meditationsbegleiter."

Elsner, Lothar: Gerlingen, promovierter Theologe, Mediator, Pastor und Theologischer Vorstand der Bethanien Diakonissen-Stiftung; seit 2002 Mitherausgeber der sozialethischen Stellungnahmen der Evangelisch-Methodistischen Kirche in Deutschland.

Falcke, Heino: Erfurt, promovierter Theologe und Propst i. R., seit den siebziger Jahren verschiedene Funktionen im Bund der Evangelischen Kirchen in der DDR und Mitarbeit im ÖRK, Mitinitiator des Konziliaren Prozesses und stellv. Vorsitzender der

Ökumenischen Versammlung für Gerechtigkeit, Frieden und Bewahrung der Schöpfung in der DDR, Arbeitsschwerpunkte: Zeitgeschichte und evangelische Sozialethik.

Fehr, J. Jakob: Bammental, gebürtiger Kanadier, mennonitischer Pastor, Promotion in Philosophie und Kirchengeschichte, nach Forschungs- und Pastorentätigkeit seit 2008 Geschäftsführer des Deutschen Mennonitischen Friedenskomitees.

Freundel, Natascha: Hamburg, Journalistin, Hörfunkredakteurin bei NDR Kultur; zahlreiche Reportagen aus Israel und Osteuropa (Ukraine, Russland).

Garstecki, Joachim: Magdeburg, katholischer Theologe und Friedensarbeiter i. R.; langjähriger Studienreferent für Friedensfragen beim Bund der Evangelischen Kirchen in der DDR, 1991-2000 Generalsekretär der deutschen Sektion von Pax Christi, 2001–2007 Studienleiter der Stiftung Adam von Trott. Zahlreiche Veröffentlichungen zu friedensethischen und -politischen Fragen.

Hahn, Ullrich: Villingen-Schwenningen, Rechtsanwalt mit Schwerpunkt Ausländer-/Flüchtlingsrecht, Präsident des Internationalen Versöhnungsbundes/Dt. Zweig, langjähriger Prädikant und Mitinitiator des Lebenshauses Trossingen, der Stiftung Neue Hoffnung und anderer sozialpolitischer Initiativen.

Häselbarth, Hans: emeritierter Pfarrer der Evangelisch-Lutherischen Kirche in Bayern, früher Afrikamissionar und Dozent, danach Spiritual der Kommunität Christusbruderschaft in Selbitz; Mitglied im Internationalen Versöhnungsbund und bei Church and Peace.

Heußner, Andrea: Diakonin, Vorstand der Rummelsberger Diakonie e. V. und Leiterin der Diakoninnengemeinschaft Rummelsberg.

2003 Gründerin der Jugendinitiative gegen Rechtsextremismus in Wunsiedel und Mitinitiatorin des „Tages der Demokratie". Veröffentlichung u. a. „Wunsiedel ist bunt – nicht braun!"

Hüning, Veronika: Gescher (Westmünsterland), Realschullehrerin und Mentorin für Studierende der Katholischen Religionslehre in Münster; von 2001 bis 2010 Vizepräsidentin der deutschen Sektion von Pax Christi, seitdem Geistliche Beirätin von Pax Christi im Bistum Münster.

Joks, Christian: Reutlingen, evangelischer Diplom-Theologe, 1991– 1994 Geschäftsführer des Friedensbüros Göttingen, 2004–2006 Veranstaltungsreferent der Ökumenischen Diakonie des Diakonischen Werkes der EKD, 2009–2014 Geschäftsführer der Familienbildungen Besigheim und Herrenberg.

Jung, Wiebke: Bremen, Pastorin i. R., Pädagogin, Supervisorin, ehemalige Vorsitzende von Ökumenischer Dienst/Schalomdiakonat (heute: gewaltfrei handeln e. V.), Vorstandsmitglied der Stiftung Die Schwelle – Beiträge zum Frieden (Bremen).

Käßmann, Margot: Berlin, promovierte Theologin und Pfarrerin, langjähriges Mitglied im Zentral- und Exekutivausschuss des Ökumenischen Rates der Kirchen ÖRK, bis 2010 Bischöfin der Evangelisch-Lutherischen Landeskirche Hannovers und Ratsvorsitzende der EKD, seit 2012 EKD-Beauftragte für das Reformationsjubiläum 2017.

Keunecke, Berthold: Herford, Pfarrer der Evangelisch-Lutherischen Emmausgemeinde Herford, Mitarbeit im Internationalen Versöhnungsbund/Dt. Zweig und im Bund für Soziale Verteidigung BSV.

Kuchenbauer, Claudia: Nürnberg, Studium der evangelischen Theologie und Religionsphilosophie (MPhil, Univ. Oxford), Pfarrerin und Mediatorin (BAFM), Referentin für Schulmediation in der Staatlichen Lehrerfortbildung, Leiterin der Arbeitsstelle kokon für konstruktive Konfliktbearbeitung innerhalb der Evangelisch-Lutherischen Kirche in Bayern.

Münchow, Christoph: Radebeul, promovierter Theologe, nach dem Studium als Bausoldat eingezogen, Pfarrer in Dresden, Studiendirektor im Predigerseminar Lückendorf, bis 2011 Oberlandeskirchenrat im Evangelisch-Lutherischen Landeskirchenamt Sachsens. Nach Emeritierung seit 2012 Bundesvorsitzender der Evangelischen Arbeitsgemeinschaft für Kriegsdienstverweigerung und Frieden EAK (Bonn).

Peterhoff, Elisabeth: Nürnberg, Diakonin, Gestalt- und Traumatherapeutin, Multiplikatorin für innergesellschaftliche Konfliktbearbeitung, seit 2006 Referentin in der Arbeitsstelle für konstruktive Konfliktbearbeitung in der Evangelisch-Lutherischen Kirche in Bayern.

Schaller, Karlfriedrich: Tübingen, Offiziersausbildung, anschließend Fahrradweltreise und buddhistischer Mönch auf Zeit in Thailand, Studium der evangelischen Theologie, Indologie und Religionswissenschaft, Pfarrer i. R., engagiert im Gemeindeaufbau.

Scheffler, Horst: Zornheim, evangelischer Pfarrer i. R. und Ltd. Militärdekan a. D.; Vorsitzender der Aktionsgemeinschaft Dienst für den Frieden AGDF und des Vereins für Friedensarbeit im Raum der EKD; Arbeitsschwerpunkte: Friedensethik und Friedenstheologie, Zivile Konfliktbearbeitung, Rüstungsexporte.

Schneider, Friedhelm: Speyer, Pfarrer i. R., bis 2015 Leiter der Arbeitsstelle Frieden und Umwelt der Evangelischen Kirche der Pfalz; Vorsitzender des Europäischen Büros für Kriegsdienstverweigerung EBCO, zahlreiche Publikationen zu Kriegsdienstverweigerung, Geschichte des christlichen Pazifismus, Friedensethik und Friedensbildung.

Silber, Stefan: promovierter Theologe, Pastoralreferent in der Diözese Würzburg (Erwachsenenbildung, Bibelpastoral, Gemeindepastoral); 1997–2002 Mitarbeiter der Diözese Potosí (Bolivien), 2007–2013 Sprecher von Pax Christi Würzburg; Koordinator der Plattform Theologie der Befreiung in den deutschsprachigen Ländern.

Taig, Johannes: Hof, evangelischer Pfarrer, u. a. als Studierendenseelsorger, Schul- und Umweltbeauftragter tätig, 2006–2014 Mitglied der Landessynode der Evangelisch-Lutherischen Kirche in Bayern; 2014 erschien (mit Claus Henneberg u. a.) „Meister Eckart. Ein Lesebuch."

Weingardt, Markus A.: Tübingen, promovierter Sozialwissenschaftler, Friedensforscher und Coach; Mitarbeiter der Stiftung Weltethos; 2006 Mitbegründer des Forschungsverbundes Religion und Konflikt, 2007/08 Mitherausgeber des jährlichen Friedensgutachtens; weitere Veröffentlichungen sind u. a. das Grundlagenwerk „Religion Macht Frieden" sowie zuletzt „Was Frieden schafft: Religiöse Friedensarbeit – Akteure, Beispiele, Methoden."

Weissinger, Johannes: Bad Berleburg, evangelischer Pfarrer i. R., Vorsitzender der Regionalen Arbeitsgemeinschaft Westfalen der EAK, diverse Zeitschriftenbeiträge zu Friedrich Siegmund-Schultze, zuletzt „Weil der Planet ein Dorf geworden ist: Friedrich Siegmund-Schultzes deutsch-britische Friedensaktivitäten vor und im Ersten Weltkrieg", in: H.-G. Ulrichs (Hg.), Der Erste Weltkrieg und die reformierte Welt (2014).

Ziegler, Theodor: Algolsheim (Frankreich), Religionslehrer in Breisach am Rhein; in der Friedensarbeit der Evangelischen Kirche in Baden engagiert, Liedermacher zu biblischen Texten (z. B. Bibelkonzerte „Rut" und „Mein lieber Sohn") und zu aktuellen Fragen von Krieg und Frieden.